老後ひとりぼっち

松原惇子

SB新書
358

はじめに

2010年、男性の生涯未婚率が20％を超え、ひとり暮らし人口は増加傾向にある。2035年には、人口の3人に1人が65歳以上の高齢者となり、東京・大阪の都市部ではそのうちの4割以上がひとり暮らしという予測が出ている。未婚女性の代名詞だった「おひとりさま」の時代は過ぎ去り、誰もが老後ひとりになる時代に突入しようとしている。

これからは、家族がいても、子供がいても、ひとりの老後を自分のこととして受け止めていく必要があるだろう。

脅かすわけではないが、結婚や子供がいることが「老後の保険にならない」時代がついにきたのだ。「女房より先に死ぬからいい」と悠長《ゆうちょう》に構えている男性は、特に危機感を持ってほしい。

これからやってくる「老後ひとりぼっち」の時代を乗り切るための対策。個人としてできること、社会を変えないとできないこと、この二つの方向から捉えてみたいと思う。

皆さんもご存知のように、ひとり暮らしの高齢者の貧困化は大きな社会問題となっている。しかし、ひとり身の高齢者が最後まで自分らしく生きるために、見落とされている大きな問題がある。それが「保証人」問題だ。大事な場面での保証人要求だ。身内のいない単身高齢者の弱みにつけこむように、「保証人ビジネス」も横行している。

他人事？　いえ自分に降りかかってくること、と受け止めて、老後ひとりぼっちになっても、誰もが堂々と生きられる社会にしていきたい。この本が日本の「保証人」慣習を見直すきっかけになれば著者冥利につきる。

おひとり女性を応援する団体を立ち上げて約20年。その経験と知識を生かし、事例をふんだんに入れた本に仕上げたつもりだ。

一口に「老後ひとりぼっち」と言っても、寂しいひとりぼっちもいれば、幸せなひとりぼっちもいる。

「老後ひとりぼっち」に不安のある方は、第6章の「悲惨な『老後ひとりぼっち』にならないために――今から押さえておくべき20のこと」から、お読みいただいてもかまわない。でも、最初から最後までお読みいただければ幸いです。

2016年8月

松原惇子

目次

第2章　「老後ひとりぼっち」の現実

第3章　誰もがなりうる「老後ひとりぼっち」

第4章　「ひとり」に冷たい日本

第5章　「ひとり」に群がる身元保証ビジネス

第6章　悲惨な「老後ひとりぼっち」にならないために
――今から押さえておくべき20のこと

第1章　「老後ひとりぼっち」時代の到来

誰でも「老後ひとりぼっち」になる

50歳の時にわたしは、ひとり女性の老後を応援する団体・NPO法人SSS《スリーエス》ネットワークを立ち上げた。当時（1998年）は、「ひとり女性」だけの団体は珍しく、また、共同墓を作ったことから、マスコミからも注目された。しかし、一般の人にとっては、自分には関係ない、「結婚できない特殊な女性たちの団体」に見えたようだ。

「これからの時代は〝ひとり〟ですよ。結婚していてもしてなくても、みんないずれ〝ひとり〟になる。〝ひとり〟は〝特殊な人たちのこと〟ではなく、皆さん一人一人のことなのです」と、どんなにわたしが力を込めて話しても、既婚者の目には、他人事にしか映らなかったようで反応はいま一つだった。特に、男性は、「ひとり」や「シングル」と聞いただけで拒否反応を示し、苦手意識を露《あら》わにした。

男性は楽天的なのか、それとも考えるのが怖い臆病者なのか、自分だけは「ひとり」にならないと信じているようだ。意地悪なわたしは、そういう人を見ると、つい余計なことを言いたくなり、相手を不快にしてしまう。
「あっ、そう。じゃ、あなたは妻より長生きしないことね。明日からウォーキングもスクワットもやめ、脂っこいものをどんどん食べて、早く死ねるよう、がんばらないと」

当時は、まだわたしも50代前半と若かったので、「男性のシングルの人は、そちらの会に入れないんですか?」と聞かれるたびに、「うちの会は女性の会です。申し訳ないけど、男性は男性で会を立ち上げていただけませんか」と突っぱねていた。

しかし、あれから、かれこれ20年近く活動をしてきたが、おひとりさま男性のための団体が設立されたという話は聞いたことがない。

推測するに、男性は女性と違い、「ひとり」を自分の事として捉える人が少なく、また、男同士の集まりが苦手だからだと思われる。

女性は初対面同士でもすぐに会話が始まり、親しくなれるが、男性は黙りこくっている人が多いことからもわかる。

女性は、結婚していても、いずれ夫が亡くなったらひとりになると自覚している人が多く、早くから、「ひとりの老後」について勉強したり、情報を集めている人が多い。男性で、ひとりの老後を話題にする人にわたしはあまりお目にかかったことがない。

昨今、問題になっている孤独死や下流老人などが、男性に多く見られることからもわかるように、ひとりは、もはや独身女性の問題ではなく、男性の問題と言っても過言ではない。男性のみなさんが、気がついているか否かは別として、老後ひとりの問題は日本の景気や株価の動きより、深刻に考えなくてはならない差し迫った問題と言える。

「老後ひとりぼっち」族とは何か

わたしは自分が「ひとり」ということもあり、〝ひとりで生きる〟をテーマに執筆活動を続けてきた。わたしのデビュー作は1986年に文藝春秋から出版された『女が家を買うとき』である。当時30代だったシングルのわたしの不安な気持ちを書いた作品だ。その後、40代、50代と年齢を重ねるにつれ、わたしの関心は〝ひとりで生きる〟

から〝ひとりで老いる〟に変わってきた。デビューからかれこれ30年の月日が経ち、「ひとり」という言葉は一般社会の中で定着してきたが当時は「ひとり」と言えば独身者を指した。また、「ひとり」には寂しいイメージがつきまとった。どんなに、ひとりでせいせいしてご飯を食べていても、物理的に1人というだけで、世間の人は「寂しい人」と決めつけるのが常だった。

ちょっと昔を思い出してほしい。男女共に、未婚で30歳に差し掛かろうものなら、周りが「早く結婚しろ」と、まるで結婚してない人は異常かのようにうるさかったことを。

わたしの場合も例外ではなく、幸い、親には言われなかったが、「ひとりは寂しいよ」と他人から、しょっちゅう言われ、辟易《へきえき》したものだ。

しかし、昨今では、「ひとり」＝「独身」とか、「ひとり」＝「寂しい人」と決めつける人は少なくなり、時代が流れるにつれ、人の考え方も変わった。最近では、各世帯に1人は未婚の子供がいると言われるほど、未婚の人が多くなり、もはや、親も世間も「結婚しろ」とは言わなくなった。

昨今「ひとり」と言う時は、「寂しさ」より「気楽さ」という意味合いのほうが強いように思われる。しかし、それも若い時の話で、死んでゆく現実が実感できる年齢になると、「気楽さ」は影を潜め、再び「ひとりの寂しさ」という現実が、まるでゾンビのように復活し、苦しめだすのも事実である。

２０１４年厚生労働省の調査によると、日本は世界有数の長寿国だ。女性の平均寿命は周知の通り86・83歳で３年連続世界１位だが、男性も負けてはいない。80・50歳で世界３位と、前年の世界４位から順位をあげている。

一方で、こんなデータも発表されている。２０１２年の内閣府の調査によると、全世帯数（４８１７万世帯）のうち、65歳以上の単独世帯は４８６万９０００世帯。その割合は、９・91％にものぼる。つまり、日本は現在、およそ10世帯に１世帯が、65歳以上の単独世帯なのだ。

国立社会保障・人口問題研究所は、この「ひとり老後」の推移に着目し、２０３５年までのひとり暮らし高齢者の動向について推計して、まとめている。（「日本の世帯数の将来推計」〈２０１３年１月推計〉）。

このグラフから読み取れることは、65歳以上のひとり暮らし高齢者の増加が男女ともにすさまじいということ。つい35年ほど前、１９８０年には、65歳以上のひとり暮

日本人の平均寿命

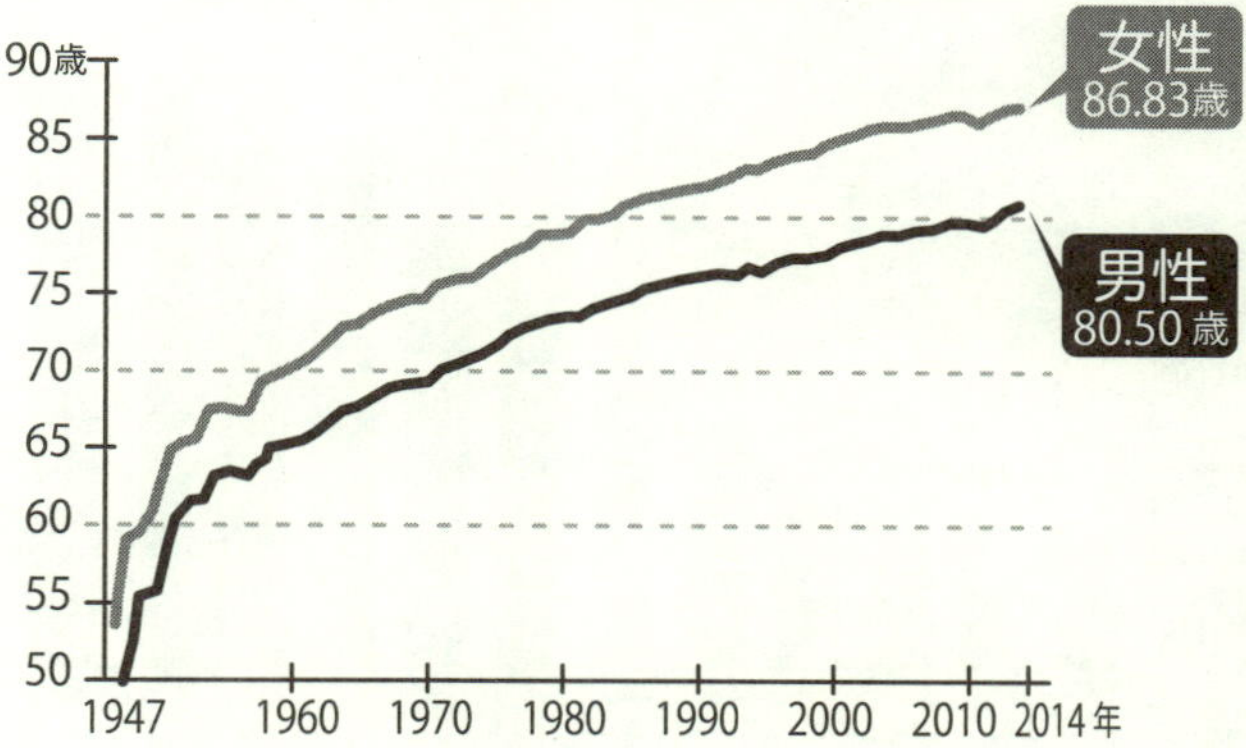

世界の平均寿命のランキング（2014年）

女性		
1位	日　本	86.83歳
2位	香　港	86.75
3位	スペイン	85.6
4位	フランス	85.4
5位	韓　国	85.1

男性		
1位	香　港	81.17歳
2位	アイスランド	80.8
3位	日　本	80.5
3位	スイス	80.5
3位	シンガポール	80.5

厚労省まとめ。

65歳以上の高齢者ひとり暮らしの動向

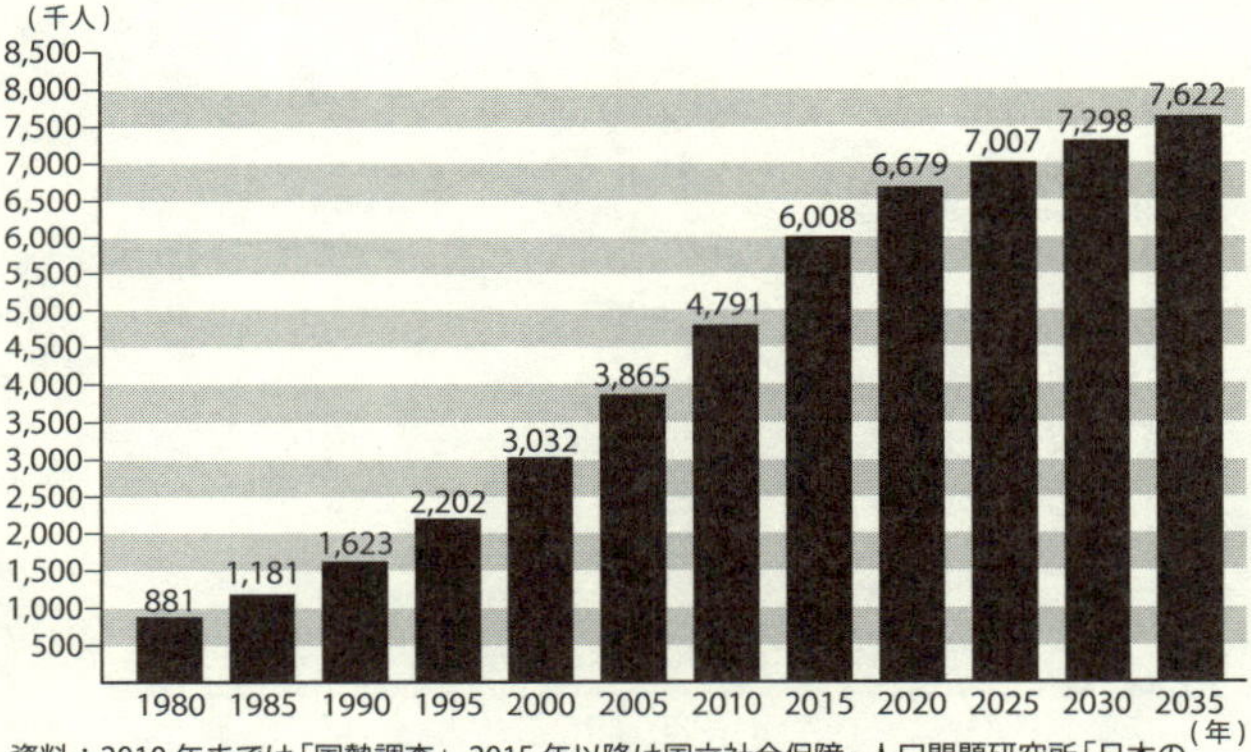

資料：2010年までは「国勢調査」、2015年以降は国立社会保障・人口問題研究所「日本の世帯数の将来推計（2013年１月推計）」、「日本の将来推計人口（2012年１月推計）」

らし人口は約88万人だった。それが２０１０年には、約４８０万人。２０３５年時には、約７７０万人にまでふくれ上がる推計だ。

これが何を意味するかというと、日本は「ひとりで過ごす老人ばかりの国」になる、ということである。そう、あなたも、あなたの奥さんもだんなさんも、誰もが「老後ひとりぼっち」になる可能性があるといえる。

わたしが団体を立ち上げた時に予感したニッポン一億総活躍時代ならぬ、日本総ひとりぼっち時代が、いよいよ現実のものになりつつある。

あなたも「ひとりぼっち」、わたしも「ひとりぼっち」、右を向いても左を向いても「ひとりぼっち」だらけ。

一方、老後ひとりぼっちと言えども、寂しいひとりぼっちもいれば、幸せなひとりぼっちもいる。ここでは、私が主宰する団体、NPO法人SSSネットワークの実例も交えて、ひとりぼっち時代の問題点、乗り切り方を考えてみたい。

男性の3人に1人が生涯結婚しない時代に

昨今、特に都会はおひとりさまだらけだ。「結婚できない」、「結婚したくない」……。未婚でいる理由は人それぞれだろうが、いまや、30代で独身だろうが、40代で独身だろうが、誰も不思議がらない。それは単純に「ひとり者」の数が増えたからだ。かつてのマイノリティ（社会的少数者）も数が増えれば、それはふつうになる。未婚は、現代日本の当たり前の景色になった。誰も驚かない。誰も陰でうわさしない。

必然、未婚者の人口が増えると、その人たちを取り込む産業が活発になる。

ひとり者の味方、コンビニはいたるところにあり、スーパーには1人用のお惣菜が並ぶ。カフェやレストランでは、1人席を多く見かけるようになり、ひとり生活は、かつてないほど快適で便利になっている。

ひとりで夜遅くまでカフェで過ごしているおしゃれな女性たちを見るにつけ、毎日がパリのように見えて羨ましく思う。ひとりの女性がイキイキと生活している光景は美しい。この言葉は使いたくないが、わたしの時代とは大違いだ。

ちなみに、国立社会保障・人口問題研究所によると、生涯未婚率（50歳時点で一度も結婚したことがない人は生涯未婚である可能性が高いとして算出した比率）は、2010年の調査で男性が20・14％、女性は10・61％だった。30年前の1980年と比べてみると、男性は2・60％、女性は4・45％で、男性はなんと約10倍も増えたことになる。コンビニが多く、売り上げを伸ばしているのもうなずける。

ここまでは実績値だが、これらの推移をもとに、同研究所は2035年までの動向を推計している。2035年、男性の生涯未婚率は29％、女性は19・2％までも上昇すると発表している。この調査から明らかなことは、男性の未婚傾向に伴う「老後ひとりぼっち」の増加である。

３組に１組が離婚しているということは

未婚者だけでなく、離婚する人も多くなった。昔は離婚というだけで、親戚中が大騒ぎになったが、昨今では、離婚と聞いても誰も驚かなくなった。それだけ、離婚が当たり前になったと言える。これは、家にとらわれることなく、個人の自由が認められる世の中になった証拠だ。昔は「一家の恥」とひた隠しにされてきた離婚も、今では「バツイチ、バツニ」と自らオープンにするほど市民権を得ている。

ＮＰＯ法人ＳＳＳネットワークの会員を見てみても、世相を反映していると言わざるをえない。会員９００人中、純粋な未婚女性は全体の約5割、既婚女性は1割、残りの４割が離婚してひとりの女性だ。その中には子供のいる人もいるが、世帯主が女性という点で、本人もわたしたちも、おひとりさまの意識を持っている。

離婚が当たり前のことになったことは、感覚的なものでなく、数字にもきちんと現れている。離婚がどのように増えてきたか、厚生労働省「平成21年度　離婚に関する

日本の結婚と離婚

年　次	婚姻件数	離婚件数	離婚件数／婚姻件数
1950(昭和25)年	715,081	83,689	11.70%
1955(昭和30)年	714,861	75,267	10.53%
1960(昭和35)年	866,115	69,410	8.01%
1965(昭和40)年	954,852	77,195	8.08%
1970(昭和45)年	1,029,405	95,937	9.32%
1975(昭和50)年	941,628	119,135	12.65%
1980(昭和55)年	774,702	141,689	18.29%
1985(昭和60)年	735,850	166,640	22.65%
1989(平成元)年	708,316	157,811	22.28%
1993(平成5)年	792,658	188,297	23.76%
1998(平成10)年	784,595	243,183	30.99%
2002(平成14)年	757,331	289,836	38.27%
2009(平成21)年	707,734	253,353	35.80%

資料：厚労省「人口動態総覧の年次推移」（昭和47年以前は沖縄県を含まない）を基に、本文に関する主要年のみを抽出

統計」から見てみよう。

ずいぶん昔に遡るが1950年から70年までの20年間を見てみると、離婚件数は約8万4000組から約9万6000組へと推移している。この数字だけでは全体像が見えないと思うが、84年から88年の4年間は多少減少したものの、その後は2002年の約29万組まで上昇している。

2003年以降は減少に転じているが、それでも2009年には約25万3000組が離婚しているという数字が報告されている。

離婚件数だけで見ると、肌感覚として実感が湧かないので、これを離婚率で見

てみよう。

ここで離婚率について触れておく。厚生労働省などで発表される離婚率は、年間離婚届け出数をその年の10月1日時点の日本人人口で割った数に1000をかけて算出する。

たとえば1970年の離婚率は0・93%。この数字はこの年に人口1000人あたりで約0・9人の人が離婚を経験した、というふうに見る。この統計で見てみると、それから年を重ねるごとに、離婚率はどんどん上昇し、2002年には2・30%にまで上昇している。

この離婚率に対し、一般的に知られている離婚率は、ある年の全国の離婚件数を新規に婚姻した件数で割った数で表すことが多い。しかし、この算出方法だと、たとえば同じ年に離婚したカップルであっても、それらのカップルは当たり前だが結婚した年も違うため、あまり正確な指標とは言えない。ただ、ある程度の目安にはなると思われるので、この算出方法による離婚率も、ここで見ておきたい。結婚数と離婚数は、各年の厚生労働省の統計を基にした。

1970年の離婚率は9・32%。そこからぐんぐん上昇し、2002年には38・27

%とピークを迎える。その後、ゆるやかに下降し、直近データの2009年では35・80%。3組に1組以上が離婚していると見ることができる。

わたしたちが肌感覚で、離婚が多いと感じるのには根拠があったと言える。現在3組に1組も離婚して、その先の生活は大丈夫なのだろうか。

ちなみに、先の算出方法による先進国の人口1000人あたりの年間離婚率（2015年1月1日厚生労働省発表『人口動態統計の年間推計』）を見てみると、

ロシア	4・5%
アメリカ	3・6%
ドイツ	2・19%
イギリス	2・05%
フランス	1・97%
日本	1・77%
イタリア	0・91%

世界水準で見ると、日本は1・77％とやや低めのようだ。

結婚も離婚も本人の自由だが、これだけ離婚が増えている現実を前にすると、「ひとりの老後」も予測して生活設計を立てることは、花嫁道具よりも先に準備しておくべきことかもしれない。

先日、地方の社会福祉法人で定年退職した女性から、退職してほっとしたことの一つは、職員の結婚式に呼ばれないことだという話を聞いた。なぜなら、今の若い女性は結婚しても、数年で離婚するから、お祝いがばからしくなると言っていた。

せっかくいい職場に採用され、結婚もでき、産休もとれたというのに、簡単に離婚するのはもったいない。彼女が言うには、親に関係があるのではないかと言う。

親が「いつでも帰ってきていいよ」と娘が孫を連れて帰ってくることを拒まず、むしろ歓迎しているからだ。

決めつける気はないが、そんな母娘関係が離婚率を引き上げているのかもしれない。

別れた男性はといえば、運よく優しい女性と出会えればいいが、そうでない人は、いや、出会えたとしてもいつまた危機がくるかもわからないので、断定できないが、限りなく「老後ひとりぼっち」の要素を含んだ道を行くと言える。

結婚が「老後の保険」にならない時代に

〝25歳クリスマスケーキ説〟を知っている人はどのくらいいるのだろうか。

女性の結婚価値を、クリスマスケーキになぞらえた理論だ。ざっくり言うと、

・24歳（＝クリスマスイブ）……ケーキが一番高値で売れる時期
・25歳（＝クリスマス当日）……ケーキは半額に
・26歳〜（＝クリスマス過ぎ）……売れ残り

昔の話で恐縮だが、わたしが20代のころは、25歳までに結婚しないと売れ残ると言われた。

当時は、まだ大学に進学する女性も、働く女性も少なく、女性にとり結婚は永久就職の時代だった。就職もしなければ、永久就職も蹴ったわたしは、若い時から変わり者だったが、ほとんどの人は男女共に、30の声を聞く前に、結婚していった。

ちょうど、高度経済成長期の初めごろに結婚適齢期だったこともあり、安定した職

に就くサラリーマンは引く手あまたで、どんな人でも結婚できたと言ったら怒られるかもしれないが、今のように、相手を探す苦労はなかった時代だったと言える。

なにせ、近所や親戚には、結婚の世話をするのを生きがいにしている人が多く、独身男性を見つければ、すぐに飛んできて「このお嬢さん、どう？」と、見合いを勧める。どんなにださい男でも無口な男でも結婚できたいい時代だった。

いまの30代、40代の読者にはピンとこないかもしれないが、１９８０年代に入ると、高学歴の女性が増え、女性が男性に求めるものは大きくなった。そのため、男性は結婚にビビり始めた。

「３高」という言葉をご存知だろうか。３高とは①高学歴　②高収入　③高身長。女性が結婚相手に求める条件を「３高」と表した。どこにそんな３条件をクリアする男性がいるかと笑ってしまうが、女性の結婚にかける意気込みには、すごいものがあった。

また、親も娘や息子に対し「結婚しろ」とうるさく言ったものだ。親だけではなく、周りの人も、ひとりでいる人を見ると「なぜ、結婚しないのか」「ひとりで寂しくないのか」。さらに、「ひとりでどうするのよ」とまで言われるのが落ちだった。

言葉は悪いかもしれないが、結婚して家庭を持つというのは、老後の保険のようなものなのだ。語弊がないように言っておくが、なにも既婚者のすべてが老後の保険で結婚したと言っているのではないので、怒らないでほしい。

本人は気づいていないかもしれないが、家庭を持つ、家族を持つ、というのは、老いた時の安心材料になる。ひとり者に対して「ひとりでどうするの？」という言葉が出るのは、「何の保険もなくてどう生きていくの？」と翻訳することができる。

自分の祖父母や田舎にいる親戚のお婆さんお爺さんの安心しきった姿を思い浮かべてみたらわかる。

わたしは60代の後半になり、遅まきながら、そのことに気づいた。結婚して家庭を持たなかったというのは、老後の保険がないようなものなのだ。つまり、自分を支えるものは自分のこの二本の足だけなのだ。

しかし、昨今では、3組に1組の離婚率の数字が示すように、「結婚」という制度が音をたてて崩れ始め、もはや、結婚は、老後の保険にはなりえない時を迎えている。「結婚して、家族を持ち、共に白髪になるまで連れ添う」ことは、もはや幻想。そんな時代にいま直面しているわたしたちなのである。

幸せな家庭を持つ男性たちにこの話をすると「俺は女房より先に死ぬから心配してない」とひとりぼっちになることを否定する人がいるが、そうは問屋がおろさないのが人生だ。余計なことかもしれないが、今から「老後ひとりぼっち」の戦略だけは立てておいたほうがいいだろう。

2035年には4割が「老後ひとりぼっち」に

この先20年後、町の風景はどのようになるのか。高齢者だらけだとは予想がつくが、どれほどなのか。厚生労働省の国立社会保障・人口問題研究所が2014年4月11日に発表した調査によると、2035年に、全国の高齢者のいる世帯は全体の40・8%で、そのうちの単独・夫婦のみ世帯が過半数を占めると報告されている。夫婦のみ世帯は、いずれ単独世帯の仲間入りをする人たちだとすると、調査するたびに、単身高齢者が増加し続けるのは確かだろう。

これまでは、高齢化が問題になり騒がれていたが、これからは単身高齢者化社会がクローズアップされるようになるのは、目に見えている。

ここで、東京都の場合を見てみたい。

2010年の国勢調査によると、東京都に住む65歳以上の高齢者数は265万人。総人口に占める割合（＝高齢化率）は20・4％である。

この先、どれくらい東京都の高齢化率が上がるかというと、2025年には25・2％に、そして2035年（団塊世代が90歳になるころ）には29・8％に達する見込みで、わかりやすく言うと、東京都民のおよそ3人に1人が65歳以上になる見込みだ。想像するだけで恐ろしいので、想像しないことにして、次の数字に移りたい。

国立社会保障・人口問題研究所が2014年4月11日に発表した世帯数の将来推計によると、高齢者世帯の場合を見てみると、2010年時点、東京都は全高齢者世帯の38％が単身高齢者世帯で、20年後の2035年には、全高齢者世帯の44％が単身高齢者世帯になるだろうと予測されている。

つまり、東京の高齢者世帯の4割以上が、ひとり暮らしということになる。4割ですよ。年寄りの半数近くがひとり暮らしというすごい時代がくるのだ。もちろん、団塊世代のわたしもその中の1人に含まれることになる。

今でも、特養（特別養護老人ホーム）に入れない人が全国で52万人もいるのに、20年後の高齢者福祉はどうなっているのだろうか。お年寄りは介護保険料だけ徴収され、利用できない状況に陥るのではないか。わたし個人としては、介護保険料を払いたくないが、天引きなのでどうしようもない。これが政治だ。問題は高齢化ではなく、政治だとわたしは思っている。

国は、戦後のベビーブームの時に、こうなることを予測できたはずだ。先を見据えた対策を怠ってきたツケが、そして、国民がおまかせ主義だったツケがついにきたのだ。

国会議員という人たちはなんて想像力のない人たちなのか。年金財源を株につぎ込むなんて、相場師のすることで、国がすることではないはずだ。この国はいいところもたくさんあるが、政治だけはおそまつだと思う。弱者のための政治であるはずなのに、金持ちのための政治に腹が立つ。

「老後ひとりぼっち」急増が予測されている今、やるべきことは、高齢者の福祉しかないだろう。

第2章　「老後ひとりぼっち」の現実

「結婚より年金」を選んだひとりぼっち

――90歳・未婚女性の場合――

自立したシングル女性の草分け的存在

神奈川県にある賃貸の公団住宅に暮らしている田中さん（仮名）は、わたしたちの団体の会員だった方だ。生涯ひとりで暮らし通した田中さんは、昨年、90歳で亡くなった。ＮＰＯ法人ＳＳＳネットワークが始まったころからの古い会員で最高齢だったことから、様子をうかがうために初めてお宅にお邪魔したのは、彼女が80代に入ったころだったと記憶している。

高齢のひとり暮らしとはどんなものなのか。その日のことは鮮明に覚えていて、今でも忘れることができない。

九州出身の田中さんの父親は、彼女が生まれる前に死んだため、母親が女学校の教師をしながら3人の子供たちを育てた。強くたくましく働く母の背中を見て育った田中さんは、27歳の時、キリスト教系の病院でケースワーカーとして働くようになった。田中さんの長いひとり暮らしは、そこから始まった。ケースワーカーの仕事は適職で、定年退職のその日まで、充実したものだったと彼女は話す。

彼女の2DKの部屋に上がらせてもらい、家事が苦手なことはすぐにわかった。玄関は暗く、モノが置いてあり足元が怖い。使用済みの食器がシンクに溜まり、清潔とは言えないキッチン。食器棚の中はレトルト食品がぎっしりで、料理をしている気配は伝わってこない。

居間には、新聞や本が山積みになっており、どこに座っていいのか困るほどだ。最初は、雑然とした室内に戸惑ったが、こうした暮らし方は、高齢者のひとり暮らしのお宅には多いのかもしれないと、後に、他のお宅にお邪魔した時に思った。

男性のひとり暮らしは汚いと言われているが、女性も高齢になると同じなのかもしれない。

自立したシングル女性の草分け的な存在の田中さんはシャキシャキしている。趣味は平和運動というのだから、どんな方か想像がつくだろう。難しい本やしんぶん赤旗などが散在している。今朝の飲みかけのお茶がテーブルの上に置いたままだ。わたしが手土産代わりに持っていった小さな花束が、その部屋では浮いて見えた。

結婚か年金か、どっちをとるか

勤続25年で退職金50か月分、約1000万円をもらえるのがわかっていた田中さんは、60歳になった12月に、ちゃっかりとボーナスをもらってから退職した。しっかりものの独身女性の考えることらしいので、おかしくなった。

彼女が生涯独身で通した理由は、「結婚より年金」のほうを選択したからだ。彼女は、結婚と年金を天秤《てんびん》にかけ、相手に左右される人生より、人をあてにしない人生を選んだ。「わたしは、結婚より年金20万円のほうをとったのよ」と彼女はあっけらかんと話す。

そして、彼女の予定通りの年金生活が始まったのである。その日から、亡くなるまでの30年間、年金という頼りがいのある夫が彼女の長いひとり暮らし生活を支えたのである。彼女の話によると、定年後の60歳から75歳ぐらいまでは、地域のボランティアや平和活動をしながらの退屈しない毎日を送ったと言う。しかし、80の声を聞くようになってから、年金の額は変わらずとも、田中さんを取り巻く状況は変わってきた。

80代になると、周りが一変

田中さんの話によると、80代に入ると周りの接し方が一変したという。市役所も民生委員も田中さんをお年寄り扱いし始めたのだ。

おしゃべりがしたいと言えば、「お年寄りの会がありますよ」で終わり。保育園のボランティアをしようと出かけても、年齢を聞くと皆がひく。いくら自分に社会参加の意欲があろうと、60代のグループには入れない雰囲気があった。

わたしは、「あそこの野菜が安い」という話題しかない近所の人とは話が合わない。政治の話がしたいが、同じ関心を持つ人と話したくても、周りにはいない。80代に入ってからは、ほとんど誰ともしゃべらずに、家にいることが多くなったと嘆く。

彼女は満面の笑みで、わたしに言った。

「わたし、今日、久しぶりにおしゃべりしたのよ。口を開いたのは何年ぶりかしら」。

彼女の本気の言葉に、笑えなかった。80代になってから、人としゃべるのはスーパーのレジ係の人と、一言二言交わすだけだということだ。

貧困と同じくらいつらい「孤独」

誰かと話したい。誰かと話したい。話がしたい。田中さんは何度も何度も、その言葉を使った。生活できるだけの年金をもらっていて、幸せなはずなのに。年金が少なく経済的に困窮している人が聞いたら、なんて贅沢《ぜいたく》なことを言っているんだと怒るかもしれないが、孤独は、貧困と同じぐらいつらいものかもしれない。

そんなわけで彼女はどこにも出ないので、足も悪くなり、血圧の薬も何種類も飲まされ、ひとりで病室にいるような生活をしていると嘆く。

結婚か年金か――。その選択は正しかったのか。どっちに転がっても人生は同じだったのか。

取材の1年後、田中さんに認知症の症状が出たようで、近所の人から「おかしい」と市役所に通報が入り、ケアハウスに入所したと民生委員の方から聞いた。

彼女がケアハウスに入れたのは、月15万円の費用が払えたからで、もし、年金が少なかったら、どうなっていたのか。放置されていたのか。それとも強制的に、役所の判断でどこかに入れられていたのか。

彼女の訃報を知ったのは入所3年目の2015年のことだった。

サラリーマンを辞めたとたん、ひとりに
――42歳・既婚男性の場合――

一度の人生。安定収入をとるか、生きがいをとるか

坂井さん(仮名)が20年勤めた新聞社を辞めたのは、4年前の2012年のことだ。サラリーマンを辞めてみて初めて社会で生きていくことの厳しさを知ったと、彼は苦笑する。サラリーマンと言っても、職種や会社により違うので一概には言えないが、正社員の立場を捨てるというのは相当の覚悟がいるに違いない。

さすがに記者だけあり、質問する前に要点よく話をしてくれる。一番知りたかったサラリーマンを辞めた理由について聞くと、自分で選んだことなので後悔はないと、きっぱりと答えた。しかし、正直な話、社会部から生活家庭部に回された時は、ショックを隠し切れなかったと言う。

「家庭面をバカにしているわけじゃないですよ。だけど、社会問題に関心があって、

入社したのでね……」

その後は、週刊誌に回され、さらに意欲を失った。サラリーマンの宿命か。このまま会社に留まるべきか。安定収入か、生きがいか。決心がついたのは、3・11がきっかけだった。

こんな大事故が起きたのに、メディア側にいる自分は何をしているのか。社会部の書いた記事を読んでも納得できない。彼は、自分で取材して自分の言葉で、現実を伝えたいと強く思うようになり、フクシマ担当を上司に申し出たが、あっさりと却下され、それを機に辞めることを決めた。

坂井さんは共働きで子供はいない。自分の決断を会計事務所で働く妻に話したところ、「あなた、なに考えているの?」と冷たくあしらわれた。新聞社にいれば経済的に不自由のない坂井さんだったが、自分の中から湧き上がる熱い思いにふたをすることができず、妻の反対を押し切り、フリーのジャーナリストとなった。

働き方を変えただけで失った妻と家

彼は燃えていた。立ち入り禁止地区にも侵入した。泊まり込みで被災者たちの話に耳を傾けた。放射線量を測る機械を肌身離さず持ち歩いた。しかし、不定期な仕事のため、そんなに収入があるわけではない。貯金を切り崩しながら、駆け回った。

それから3年後のことだ。突然、妻から三行半《みくだりはん》を突きつけられたのだ。共稼ぎだからこそ買えた浦安の分譲マンションのローンは、まだ10年以上も残っていたが、慰謝料はなし、ローンは妻が払うかわりにマンションの名義は妻にすることで離婚が成立した。

本人としては、働き方を変えただけだったが、結果的に、家を失い、妻を失うことになった。自分の信念を貫く生き方の代償は大きかった。

現在は、元同僚に保証人になってもらい賃貸アパートに暮らす身だ。

坂井さんは笑いながら言った。「今、売れている『下流老人』(朝日新書)を読んだけど、あれって、僕の未来かと思いましたよ。サラリーマンやっている時は、下流とか貧困と聞いてもピンとこなかったけど、今は実感している。このまま行ったら、ちょっと恐ろしくなるけど、先のことは考えずに、やりたいことを当面はやります」

海外の貧困地帯を取材した経験から、屋根と食事さえあればどこでも暮らせる自信はあるが、先は明るくはないという。貯金は、通帳を見るたびに減っていくと笑った。

聞くところによると、3・11以降、フリーに転じるジャーナリストは多いそうだ。会社の方針についていけない。上司と意見が合わずに出ていく熱血ジャーナリストがいることは、わたしたちにとっては救いだが、独身ならともかく、家庭を持つ男性にとり、厳しい選択を迫られることになる。

日本経済が右肩下がりで福祉が頼りにならない上に増税を迫られる社会の中で、生きていかなければならない30代、40代の働き盛りの人たち。安定しているように見える現在の生活条件も、ひとたび崩れてしまうと、そこから怒濤《どとう》のごとく崩れ落ち、最後は貧しい老後ひとりぼっちになる可能性は、誰にでもありそうだ。

あわててハローワークに駆け込んだ

――65歳・既婚女性の場合――

一緒に年をとり、老後を迎えるはずだったのに

加藤さん(仮名)は、NPO法人SSSネットワークの元会員の方だ。何度か会のイベントで会っているが、わたしたちの会には少数派の既婚者の方だったので、よく覚えている。

いつもニコニコしていて、夫のいる人は、純粋なおひとりさまとは違い、ゆとりがあるなあと、わたしは勝手に想像していた。

たまたま、話をする機会があり、相談を受けるともなく受けていると、自分の想像とのギャップにわたしは驚かされた。彼女の口から出てくる言葉は、「いつも不安」だったからだ。

ひとり暮らしの人の不安を嫌というほど聞いてきたわたしだが、まさか、幸せそう

な既婚者の方から聞くとは。そこで、わたしの2時間にも及ぶ質問が始まった。

「えっ、ご主人がいるのに？　なぜ、そんなに不安なの？　持ち家なのに？」

加藤さんは、30代のときに現在連れ添っている男性と結婚した。自営業だった彼を彼女は、共に将来の夢を描きながら支えてきた。二人は若く、夫婦2人の生活を満喫していた。

「結婚してから、あっという間の30年です。毎日が忙しくって、子供をつくることを考えるひまもなかったわ。もうすぐ、60代も終わりだなんて、とても信じられない」

子供はいないが、結婚生活に疑問を持ったこともなく、このまま一緒に年をとり老後を迎えるつもりだった。しかし、その想像は見事に打ち砕かれた。

夫の行動は今でも理解できないと言うことだが、6年前に夫は突然、家を出て行ってしまったのだ。

そして自らの意志に関係なく、彼女は守られた主婦から突然、ひとり暮らしの高齢単身者にさせられたのである。まず、わたしは、加藤さんの金銭のことが気になった。家のローンは夫が払っているが、収入は入れてないらしい。生活費はどうしているのか聞くと、加藤さんは笑いながら答えた。

「年金はもらっていますが、国民年金だけなので、手取り3万ほどなのよ」。若い時に年金の掛け金を払っていなかったため、受取額が3万円になってしまったということだ。わたしも、国民年金組なので、彼女の立場はよく理解できる。サラリーマンと違い、自営業の場合は自分で年金の手当てをしなくてはならない。忙しさにかまけているうちに、忘れるのはよくあることだ。

そこで、加藤さんは生活費を得るために働くことを決意する。とにかく年金だけでは暮らせないのだから、必死だ。

ところが、仕事を得るのは容易ではないことをハローワークに行って思い知らされることになる。仕事はたくさんあった。しかし、年齢を入れると、ビルの清掃員しかヒットしない。資格がないとだめだと気づいた彼女は、ヘルパーの資格をとり、ヘルパーの仕事に就くことを決意する。

しかし、ヘルパーの資格でできる訪問ヘルパーの仕事はあるものの、甘い仕事ではないことを思い知らされる。一日に2、3件、掃除や食事の生活支援をするぐらいではお金にはならず、しかも大変な肉体労働だった。また、1軒目から2軒目への自転車移動も当時50代後半だった彼女にはキツかった。

「ヘルパーになればいいって、簡単に言うけど、めまいがするほど働かないと、お金にはならない。ヘルパーの仕事は、とても50代以上の女性の仕事ではない」

ヘルパーという仕事は、体力のある年齢の人にしかできないというのが彼女の結論だ。

きちんと税金を払い続けてきたのに

人生は何が起こるかわからない。まさか、これから老後という時に、ひとりにされてしまうとは。まさに、青天の霹靂《へきれき》だった。周りからは、優雅な奥様と思われているが、実は、ひとりぼっちで不安を抱えて暮らしているおひとりさまだと彼女は言う。

夫の仕事を支えながらきちんと税金を払い続けてきたのに、人が1人生きていくだけの年金を保障されないこの日本に怒りを感じる。この国は公務員かサラリーマンでない人は、勝手にしてくださいということなのか。生活保護以下の収入なのに、何の手立てもないのがおかしいと彼女は怒りを露わにした。

持ち家の人でも、収入がないと生きていけない。屋根があっても生活費がなければ生きていけない。これは基本的人権に反するのではないだろうか。

日本には、老後の蓄《たくわ》えがないのは、個人が悪いと考える人が多い。自業自得だと。それは、自分がたまたま安泰な場所にいるだけではないのか。最低の年金（生活費が賄《まかな》える分）は、国が保証すべきだ。生活保護ではなく、最低年金の底上げこそが必要だと、わたしは強く思う。

加藤さんは言った。ふと、夜中に目が覚め「どうしよう」と不安になることがあると。その時思うことは「お金が底をついたらどうしよう」と「長生きしたらどうしよう」の2点だ。

2人ならがんばれるかもしれないことが、1人となるとどうなのか。「今はまだ60代なので、がんばれますが、10年、20年後に、お金が底をついたときのひとり暮らしの自分を想像すると怖い」

非正規で働いてきてよかった

——77歳・男性ひとり暮らしの場合——

妻の看病と死別から、男1人で2人の子供を育てる

角田さん（仮名）の人生は一言では語れないほど、波乱に満ちている。取材をする時は、最初に、結婚歴の有無、子供の有無、ひとり暮らしになった時期と理由などを、ざっくりと聞いてから、本題に入るのだが、角田さんの場合、あまりにびっくりすることばかりで、本題に入るまで1時間もかかってしまった。

現在、77歳の角田さんは、30歳で結婚。結婚の数年後に借りた都内の団地に、四十数年経った現在も暮らしている。独身時代は会社勤めをしていた角田さんだったが、結婚後に妻が病気で入退院を繰り返すようになったことから、彼は非正規契約の校正者になった。当時は時代がよく、お金が良いわりに自由があったこの仕事は、妻の看病もしやすく、彼にとってはいい働き方だった。

娘と息子の2人の子供を授かったが、結婚10年目の時に、妻は病気で38歳の若さで亡くなる。そこから、角田さんの男1人で2人の子供を育てる生活が始まった。

「1人で働きながら子育てもしたのですか?」。思わず聞かずにはいられない。

彼はまるで何もなかったようにニコニコしながらうなずいた。

男1人で生活費を稼ぎ、家事をこなし、子供をきちんと学校に行かせた。2人の子供たちがそれぞれ就職し、結婚して家を完全に出て行ったのは、今から12年前、角田さんが65歳の時だ。

「65歳で初めて自由になれた!」とうれしそうに笑う角田さんを目の前に、わたしは思わず「すごい!」と感嘆《かんたん》の声をあげた。

ガンよ、ありがとう!

正社員ではなく非正規ということで自由の利く働き方をしていたことが、2人の子供を1人で育ててこられた大きな要因だと彼は言う。世の中は、非正規という働き方を不安定な働き方であることからマイナス面ばかりを見がちだが、実は良い面もある、と経験者の角田さんの言葉には説得力がある。

非正規だったので、サラリーマンのように定年がない。収入は不安定で、少ないかもしれないが、やれるところまで働くことができるのが非正規の良さだと彼は語る。ラッキーなことに彼は仲間にも恵まれた。しかし、いくら年齢制限なく働けると言っても、白髪の年寄りが、会社内をうろうろしてはいけないと思うようになったことと、ガンになったことをきっかけに、校正の仕事はやめた。

実は3年前に直腸ガンと前立腺ガンがあることがわかり、それ以来、ガンとどう生きるかが彼の人生のテーマとなった。

ガンを患ったからと悲観することなく、むしろ「ガンよ、ありがとう!」という心境だということだ。

彼のガンは悪性だった。彼は本で情報収集し、10か所以上の病院を訪ね、治療法を研究した。その中で出会ったのが、『患者よ、がんと闘うな』(文春文庫)や『がん放置治療法のすすめ』(文春新書)の著者である近藤誠先生だ。近藤先生にセカンドオピニオンを求めたところ「ガンを育ててみたらどうですか?」と言われ、そういう捉え方もあるのか、と気持ちが楽になったということだ。

国立などの大病院が勧める治療法は「全摘手術」の一点張りで目の前がまっ暗に。

周りの臓器までとるような全摘手術をしたら、おそらく手術が成功しても車椅子生活になるだろう。そうなると、ひとり暮らしは厳しくなる。生活の質が落ち、ベッドに寝たきりになる可能性もある。今のひとり暮らしを続けたい！
「ガンの全摘」から「ガンを育てる」に決めた角田さんに迷いはなかった。放射線治療とストーマ（人工肛門や人工膀胱などの人工排泄口）で、ガンと一緒に生きることにしたのである。

それにしても、目の前に座っている、さわやかな笑顔でパクパクとステーキを食べている角田さんがガン患者とは、とても思えない。ひとり暮らしで困ったことを質問すると、「入院する時の行き帰りかな。息子が来てくれたが、関西にいる娘はなんの役にも立たなかった。結局、入院中に助けてくれたのは、友人だった」と笑った。

どこから見ても元気でおしゃれでステキな人にしか見えないので、話していても不思議な気がする。

彼はこれまで生きてきた間が苦労の連続だったので、今はひとりでホッとしていると言う。「ひとり暮らしが寂しい？　そんなものはわたしにはないですよ。ひとりほど自由ですばらしいものはない。わたしは、毎日、楽しくてしょうがない。息子夫婦が時々来るが、早く帰ってくれという心境だ」と笑う。

77歳でガン患者の角田さんが今、一番後悔していることは、国民年金基金に加入していなかったこと、この1点だ。国民年金だけではいかんせん少なすぎて、不十分だ。基金があるのは知っていたが、「まあ、いいや」と加入してなかったことが悔やまれる、と本当に悔しそうに言うので、つい笑ってしまった。

角田さんは語る。「ガンになる前は漫然と生きていたが、ガンを患った今は、『今』を大事に生きている。この先、どうなるかと、考えてもしかたがないことは考えないことにしている」

白と青のストライプのシャツが、角田さんのさわやかな生き方を表しているように思えた。

「ガンよ、ありがとう！　ガンにならなければこんなに充実した生き方ができなかった。ありがとう！　ガンよ。心からガンにお礼を言いたい！」

取材が終わると、お店の角に停めていた自転車に乗って、颯爽《さっそう》と町の中に消えていった。

ある介護付き有料老人ホームで見た言葉のない老後

海が見える位置に建つ、リゾートマンションのようなホーム

昨今は、高齢化社会の需要に応え、介護付き有料老人ホームが全国にできている。特に大手が経営するホームは、雨後のタケノコのようにその数を増やしている。

今、最も勢いのある大手の介護付き有料老人ホームを見学した。数あるホームの中でも自慢のところがあると案内してもらった。

有料老人ホームと言っても、規模や対象となる入所者層はいろいろで、自立した人向けのものもあれば介護中心のものもあり、その形態はさまざまだ。また、30年前からの古いものもあれば、最近できたものもあり、一口には語れないところがある。

わたしが見学させてもらったホームは、海が見える位置に建つ、まるでリゾートマンション。それがホームだったということに、まず驚かされた。

それにしても、こんな素敵な場所に入所できた方は、どんなに幸せだろうか。「ああ、

わたしの住まいより快適そうだわ。なんて羨ましいのかしら」と思いながら、館内に入る。

できたばかりということで、中の空間も気持ちがいい。居室はベッド1つと引き出しや小テーブルを備えた、よくある6帖~8帖ぐらいの大きさの部屋がずらりと並んでいる。しかし、都会のホームと違い、窓から海風が入り気持ちがいい。思わず、「わあ、ここいいですね。住みたいぐらいだわ」と言ってしまい、案内してくれた方を喜ばせた。

ちょうどお昼時だったこともあり、1階の多目的ルームに入所者の方が食事に集まっているところだった。杖をついて歩いてくる方よりも車椅子の方がだんぜん多い。

ここは介護を必要とした人向けのホームで、いわゆる自立した方(ここから1人で仕事に行ったり、買い物に行ったりするような人)を対象にしてはいない。

入所しているどなたかにお話を伺おうとしたが、介護度の高い人ばかりなので、そっとしておいてほしいとやんわりと断られた。

入所者の数人が、職員に付き添われて下りてきた。1階まで来られる人は介護度の低い人のようだ。

ホームの入所者はほとんどが女性と聞いていたが、ここは男性も多い。しかし、男性は何がおもしろくないのか知らないが、無表情だ。みんなと離れたテーブルの前に座り、配膳を待つ80代の男性。身なりはきちんとしている。

大テーブルの前には女性たちが座っている。食堂はとても静かだ。誰もしゃべらない。ただ、黙って待っている。食事が運ばれてきた。食べている間も誰も言葉を発しない。大勢いるのに、誰もいないかのような静けさだ。特に男性は、こちらがニコっとしてもまったく反応してくれない。

「何しに来たんだ、見せ物じゃないよ」と心の中で言っているかのようだ。

同じ介護を必要としても、老人ホームと障害者施設では、これほどまでに違うのかと、昔ボランティアをしていた障害者施設のことを思いだしていた。

以前、わたしが通っていた障害者施設には、脳に障害がある人が多かった。寝たきりの人もいたが、多くは車椅子の人。高齢者も多い施設だったが、みんな明るく、いつも笑顔がこぼれていたので、行くのが楽しみだった。介護度から言えば同じ程度なのに、このホームの静けさは何なのか。障害者施設の職員に電話で聞いてみると、脳に障害がある人は、明るいのが特徴だと説明してくれた。実際、施設で働いている彼女も、障害者たちの無邪気な笑顔や明るさに救われることが多いようだ。

一方、老化により体の機能が衰えてきた高齢者は、頭はしっかりしているのでその分、我が身を憂えることも多くつらいのではないかと、彼女は言う。確かにそうかもしれない。ちなみに福祉大国オランダでは、高齢者と障害者の区別はない。老人も障害者も同じ福祉が受けられる。考えてみると、年をとるということは、身体に不自由をきたすということでもあるのだ。

介護付き有料老人ホームに入れる人は幸せか？

1人で寂しそうな表情で箸を運んでいる80代ぐらいの男性を見ていて、心の中はどうなのだろうかと思った。彼は素敵なホームに入所できてよかったのだろうか。

昨今は、貧困にあえぐ老人の様子が盛んにマスコミで取り上げられるようになった。電気も水道も止められ、極貧生活を強いられている高齢者。年金月額3万円の高齢者もいる。これは個人の問題ではなく福祉の問題だと、テレビで特集を見るたびに腹が立つが、その方たちから比べたら、ホームで老後ひとりぼっちの彼は幸せなのかもしれない。だけど……、とさまざまな考えが頭を巡り、複雑な気持ちにさせられる。

海風にあたりながら、誰ともしゃべらず過ごす。安全な場所で管理されるひとりの老後がここにはある。もちろん、職員が見まわりにきた際は声をかけるだろうとは思うが。

みんなに背を向けて、1人で食べる食事。これが毎日続いているのかと思うと……。ただ死を待ち食事をしているだけ……。海風が空しい……。

昼食を試食させてもらったが、あまりのまずさに同行した友人と目を合わせてしまった。

ご飯がまずいとはどういうことなのか。「日本のどこに、こんなまずいお米を作っているところがあるの？」と聞きたくなるほどのまずさだった。ほうれん草のおひたしと焼き魚に小鉢がついていたが、どれも、「どうしてこうなるの？」と首をかしげたくなる調理の仕方だ。

町のコンビニのお惣菜のほうが数段おいしい。

入所者の方は、食事はここでしか食べられないわけだから、海風より、食事こそが最も気を配らなければならないものだと思うのだが。

見た目は立派な定食になっているが、基本的なご飯、味噌汁が失格点だ。あとで、くまなく見学させていただきわかったことだが、ここには厨房がない。つまり、センターからレトルトパックで運ばれてきて、それを温め直し盛り付ける。そういうやり方なのだ。

介護付き有料老人ホームに入ることができる財力がある人は、幸せなのか。はたまた不幸なのか。わたしには何も言えないが、財力がなければ、ホームに入る選択肢もないので、それだけ気楽と言えはしないか。

第3章　誰もがなりうる「老後ひとりぼっち」

子供は老後の保険にはならない

先日乗ったタクシーでの話だ。たまたま乗ったタクシーの運転手さんから、老後ひとりぼっちの心境を聞くことになった。まさか、ここで、老後ひとりぼっちの人と話すことになるとは思ってもいなかったが、通りすがる人たちの中には、話す機会がないだけで、老後ひとりぼっち族が大勢いると確信した。

運転手さんは、定年後のお金稼ぎでタクシー運転手をやっているということだった。彼に、月並みの会話「世の中、景気悪くて嫌ですね」みたいなことを振ると、彼は、真顔で、ひどく落ち込んだ様子で語った。

「朝起きるたびにこれからどうしよう、どうやって生きていけばいいのかって……」と大きなため息をついた。

3年前に妻に先立たれた彼は、年金だけでは暮らしが大変なため、タクシー運転手をやり始めたと言う。彼の年金は、わずかな厚生年金と国民年金だけだ。

国民年金組のわたしは彼の気持ちがよくわかる。思わず前のめりになって聞いた。彼の老後の予定は、ひとりになったら老人ホームに入ることだった。どんなところでもいいと思っていたので月に10万円も払えば入れると思っていたらしい。

ところが、役所に行き、どこか紹介してくれないか聞いたところ、彼の年金では入れるところはない、とあっさりと断られた。

「話も聞いてくれないんだよ。門前払いさ」。彼は、行政の冷たさに凍りついたと言う。

これまで一度も滞納することなくきちんと税金を納めてきたのに、なんで最後がこれか。怒りと悲しみがこみ上げたと言う。「おかしい。この国の政治はおかしいよ。なんなんだよ。この国は……」

このまま死んでしまうのではないかと思われるほど暗い表情を浮かべた。

「お子さんは？」と聞くと

「子供はいるよ。2人ね。みんな結婚して家庭を持っているよ」

わたしが安堵した表情を見せると彼はため息をついた。

「子供がいたって何の役にも立たないよ。この間、子供たちから、はっきり言われたんだよ。お父さん、自分の老後のことは自分でやってくださいよ。僕たちは僕たちの生活で精いっぱいだからね」

「つらいね」とわたしは心の中で思った。老後の世話をしてもらうために子供を育てたわけではないと思うが、今、子供たちの世代は子供たちの世代で大変だ。親の気持ちを汲める余裕がないのがふつうだろう。

たまたまタクシーに乗ったことで彼と話せたが、通りを歩いているあの男性も老後ひとりぼっちなのかもしれない。公園のベンチに座っているあの男性も老後ひとりぼっちなのかもしれない……。

稼げなくなったお父さんに隠居は許されず、家族からもお荷物扱いされている様子が伝わってきた。

老いてひとりになった時、心の支えになるのは、やはり家族だろう。結婚して別世帯を持っていたとしても、子供は唯一の存在だ。しかし、残念なことに、その子供がまったくあてにならないのが現実だ。

大家族の時代と違い、今は子供の数も少ない。
3、4人いれば子供同士で父親をみることもできるが、1人や2人では、なかなか難しいと思える。それに、現代は父親より、子供のほうが収入が少ないという話もよく耳にする。非正規雇用の問題、奨学金返却の問題、ブラック企業の問題。老いていく親のことより、これからの人生が長い子供たちは、自分の生活で精いっぱい。親の面倒をみる余裕などないのが現実だ。

「子供がいるから安心」は、大家族時代の話。現代は、子供はいないものと思い、ひとりで強く老いていく覚悟が不可欠のようだ。

「女房より先に死ぬから大丈夫」は妄想

男性を悪く言う気はないが、男性、特に日本の男性は社会や経済のことには詳しいが、自分の生き方や老い方については、あまり関心がないように見える。書店に行くたびに、コーナーが大きくなっている気がするビジネス本エリア。○○で成功する本とか、○○の仕事術だとか、部下の使い方だとか、ビジネスがらみの本がびっしり並んでいる。

そんな棚を見るたびに、わたしは、「そんな本より、これからどう老いと向き合うか、どういう死を迎えるかなどの生死を学ぶ本を読んだほうがいいのに」と心の中でつぶやく。

長い間の会社生活の中で、男性たちは会社に遺伝子を組み替えられてしまったようだ。それにも気づかずに会社人間の多くの男性サラリーマンを見るにつけ、「日本は男性が不作だ」と、昔、人生の師が言っていた言葉を思い出す。

男性にケチをつけるつもりはないが、もっとバランスのとれた人間であってほしいと思う。

いい学校を出て、いい会社に就職できて自分は勝ち組だと思っているかもしれないが、人生は年収の額で決まるものではないというところも、わかってない男性が多い。

今回の本のテーマ『老後ひとりぼっち』に関しても、「今、何書いてるの?」と聞かれたので答えると、大企業で役員まで務めた人でさえ、「ひとりぼっち? ああ、僕には関係ない」の一言で終わり。その関係ない理由は、言わずと知れた「俺は女房より先に死ぬから」である。

そんな時、意地悪なわたしは心の中で、「そうならないと困るものね」と笑う。しかし、本人は本気だ。定年退職後は、週2日のゴルフと晩酌が楽しみだと言う。役員までやって、社会の貧困問題とか老後破産のことに関心がないことにがっかりする。彼の頭の中には、1ミリたりとて、女房に先に死なれる発想はないのである。

厚生年金だけでなく企業年金もたっぷりもらっている人たちは、新聞に悲惨な高齢者の話が載っていても、まったく関知しないし、今の政治にも危機感を抱いていないようだ。

脅かすわけではないが、日本人男性の寿命は先（16ページ）にも述べたように、2014年には80・50歳で、前年の世界4位から3位になった。ちなみに厚生労働省の報告によると、1960年の男性の平均寿命は65・32歳（この時、女性は70・19歳）。わずか50年で女性も男性も15歳以上平均寿命が延びている。これは急速な延び率だ。

長生きはとかく女性のこととして思われがちだが、なんのその、男性のことでもあるので、ひとりになった時のことは考えておくべき重大なテーマということになる。

ひとりの老後を送る心と知識の準備なく、女房に先立たれた男性の多くは、取り残され症候群にかかり、孤立の壺の中で泣き続けているのが見える。

高齢者になる前に病気で亡くなる女性を見てみると、やはりガン死が多い。わたしの団体でも、65歳までに亡くなった方の死因はガンだ。

なぜか。医者ではないので断定して言えないが、急増する女性のガン発生、その要因の一つは、働く女性がさらされてきたストレスではないかというのが、わたしの見方だ。

女性の社会進出が目覚ましいのはいいが、それにより、生物としてか弱い女性の体や精神に、本人の想像を超えるストレスがかかり、それが引き金になっているように思う。こんな言い方をしたら、語弊があるかもしれないが、夫の稼ぎだけで暮らせる女性と比べ、社会で働いてきた女性のほうが、ガン発生率が高いような気がする。

ということは、これからの時代は女性が働くのは当たり前。しかも、共働きの場合、女性は子育てもあり、夫の2倍以上の時間働くことになる。若い時は若さで乗り越えられても、あとでそのひずみがくるのではと、心配になる。

というわけで、男性が女房に先立たれる可能性は、これまでの時代には考えられないほど高くなるはずだ。その時、1人取り残された男性は、はたして、ひとり暮らしを幸せに送ることができるのか。

あなたのお母さん役だった女房はもういない。あなたは、部長のポジションにあったかもしれないが、過去は過去だ。過去はないのと同じ。今あるのは、老いたひとりぼっちの自分だ。端から見たら、あなたは、終わった人なのだ。悲しいがそれが年をとるということなのだ。

「老後ひとりぼっち」を自分のことと捉える男性がもっと増えたら、そして、男たちが声をあげだしたら、この日本の福祉も変わるのではないかと、期待している。

子供のいない夫婦の不安

わたしの周りだけが特に多いわけではないと思うが、昨今は、結婚していても子供のいない60代の夫婦をよく見かけるようになった。独身女性の場合は、最後までひとりという自覚があるので、若い時から老後の計画を立てている人が多い。しかし既婚者の場合は少し違うようだ。

シングルの私から見ると、2人で働いている夫婦が羨ましく感じる。子供がいなければ経済的にかなり余裕があるはずだし、経済面だけでなく、パートナーがいることで精神的な安定を得ているからだ。もちろん中には、夫婦仲の悪い人もいるだろうが、わたしの周囲ではおしなべて子供のいない夫婦は、相手しか頼る人がいないせいもあると思うが、仲がいい。

子はかすがいと言うが、かすがいがない分、お互いを大事にしないと、暮らしていけないからだろう。子供に恵まれずに残念な部分もあるだろうが、40歳過ぎても自立しない子供を抱えている人よりはいいかもしれない。

知り合いに、企業を定年退職した夫75歳と妻70歳の再婚同士の夫婦がいる。こんなにいつも一緒で飽きないのかしらと皮肉を言いたくなるほど、いつも一緒だ。旅行やゴルフはもちろんのこと、スポーツジム、歯医者、買い物、病院、どこに行くにも一緒だ。とにかく「理想の夫婦賞」をあげたいほど仲がいい。

妻に用事があって電話をすると、必ず夫に電話を回すので、いつも隣にいるのがわかる。夫には優秀な子供や孫がいて、すばらしいファミリーなのだが、妻は夫が席をはずすと、シングルのわたしに小声でこう言う。

「もし彼が死んだら、わたしはどうなるのかしら。ひとりになったらと想像するだけで怖くって。あなた、ひとりのこと詳しいでしょ。いろいろ教えてほしいわ」

本気で懇願するように言う。いつも2人で行動しているので、自分だけの友達がいないと嘆く。友達はいても夫婦同士でつき合っているため、個人になったら、付き合いがなくなることを心配している。

仲良し夫婦は２人だけの世界で楽しめるので、ひとり者のようにあえて、友達を作る必要もないのかもしれない。つまり、２人が元気で仲良く存在している時は幸せだが、相手を失った時の不安は計り知れないものがあるようだ。

相手がいる間の何十年間が幸せだった反動というのは、想像以上に大きい。相手がいる生活は幸せだが、相手だけを頼りにしないで、自分だけの人間関係も作っておかないといけないだろう。

有料老人ホームに入所すれば安心は過去の話

経済的余裕のあるおひとりさまの場合、自分の終《つ》いの住処《すみか》として、有料老人ホームを選ぶ人は多い。最後まで自宅でがんばれる自信がない人、病弱な人にとり、有料老人ホームは、安心の家になりうるからだ。

ひとりの人、特に未婚の人は、50代ぐらいから、終いの住処に関心を持ち始める。家族がいない人にとり、最後はどこで死ぬのかは、金利の情報より必要な情報と言える。NPO法人SSSネットワークの会員を見ていると、早めの老い支度ではないが、70歳を機に有料老人ホームに移る人と、80歳まで待ってから移る人との二手に分かれる。

有料老人ホームに入所する人は、皆さん、入所し、そこで暮らし、生涯を終えるわけだが、同じ入所するのでも、家族のいる人とひとりの人では、大きく違う点がある。それは、ひとりの人は、元気なうちに、入所先を自分で選び、自分で決定して入所するが、家族のいる人は、本人ではなく家族が選び、家族が決定して入所する人が多く見られる点だ。

家族のいる人の場合、入所する年齢が、80代後半とひとりの人より高くなるのは、家族の意向によるからと言える。

仕事柄、これまで多くの有料老人ホームを見てきたが、高級であればあるほど、本人の意向で入所していないことがわかる。

「わあ、素敵なホームですね。羨ましいわ」と声をあげたくなるホームに入所しているお年寄りに限って、笑顔は少ない。お金持ちが悪いとは言わないが、お金持ちの娘夫婦や息子夫婦に入れられているからだ。高級なホームに親が入っていれば世間体もいい。

ちなみに、運営側の人の話のよると、娘夫婦、息子夫婦の職業は医者と弁護士が圧倒的に多いそうだ。なんだかわかるような気がして苦笑する。

高級有料老人ホームに入れないわたしや皆さんは、幸せな人たちと言える。お金がないというのは、悪いことばかりではないのだ。有料老人ホームに入る選択肢がない分、自宅でがんばる気になれて、それはそれでいい老い方ではないか。

知り合いの、広尾に住むリッチな80代の女性も、娘により東京のはずれに新しくできた介護付き有料老人ホームに入所させられた１人だ。足が弱っているだけで頭もしっかりしている。新しいかもしれないが、ワンルームの部屋がずらりと並ぶ有料老人ホームという名の介護施設は、わたしには独房に見えた。本人が幸せならそれでいいことだが、「お金持ちじゃなかったら、家にいられたのにね」と思わず心の中でつぶやいた。

シングルキャリアウーマンだった82歳の女性は、80歳を迎えたある日、これから先を考える時、一軒家のひとり暮らしは困難と判断し、自分の経済に見合った有料老人ホームを最後の住まいとして選んだ。

一軒家を処分し、10年分の家賃に相当する約1500万円の部屋の賃貸料を前払いしての入所だった。マスコミでよく取り上げられるシニアハウスの草分けの会社が運営している有料老人ホームなので、安心していたが、入所後にわかったことは、何をするにも別途費用を請求されることだった。具合が悪いので部屋に食事を運んでもらうにもお金がかかる。そのぐらい管理費のうちだと思うが。

部屋で具合が悪くなり倒れた時も、翌日の昼まで誰にも発見されることがなかったと言う。これなら家にいても同じだ。

それだけではない。恐ろしいのは、入所後の管理費や食費、サービスの値上がりだ。「食事の質も味も落ちた」と彼女は嘆く。経費削減により、安く請け負ってくれる業者に変えるので、こういうことが起こるらしい。

詳しくは第4章で触れるが、有料老人ホームには保証人を立てないと入れないことが多い。

運営に不信をいだいたその女性は、入所1年後に、社会福祉法人が運営するケアハウスに移ることを決める。入所の際に払ったお金の大半が戻らないにしても、そこを退去してケアハウスに入るほうがメリットがあると踏んでの決断だった。

駅前の10階建ての立派な有料老人ホームから田んぼの中の簡素なケアハウスに移った彼女は、とても幸せだと満面の笑顔で話す。元のところに比べたら、ご飯代が安いうえにすばらしくおいしいと、大満足だ。なぜ、ご飯がおいしいかというと、ここだけの話だが、近所のおばさんが厨房で作っているからで、業者を入れていないからだ。ぜひ、このことは、有料老人ホームを選ぶ際の参考にしてほしい。

これから有料老人ホームへの入所を考える方は、入所後にサービス料金が変わることがあることも念頭に、慎重に選ぶ必要があるだろう。

有料老人ホーム紹介センターは各地にあるが、案内人と一緒に見学してもあまり意味がないように思う。人を頼らず、自分ひとりで情報を集め、歩きまわる。入所してから後悔しないためにも、旅行のつもりで体験入所をしてじっくりと見てみたらどうだろうか。

「男ひとりぼっち」と「女ひとりぼっち」の違い

世間一般で目にする未亡人を見ているとわかるように、女性はおしなべて、ひとりになってもあまり変わらない人が多い。いえ、こんな言い方をしたら失礼だが、未亡人になったとたんにいきいきしているようにさえ見える。

昔、「タンスにゴン」というCMが流行ったことがあるが、あのセリフを聞いて、思わず自分のことを言われているようで、笑わない女性はいないはずだ。「亭主、元気で留守がいい」

わたしが時々訪れる昼間のカフェで、集まって楽しそうに話している主婦の会話を聞いていると、「旦那が死んだらどうしよう」という会話は皆無と言っていいほど聞こえてこない。

それどころか、「退職して、家にいられて、うっとうしいわ」「早く、旦那を送って、せいせいしたいわ」と、むしろ、ひとりになりたい会話が飛びかう。

昼間の主婦の会話を聞いたら恐ろしくなる夫諸君だが、男性は本当に純粋というか、単純というか、たとえそのような会話を耳にしても「本当は寂しいくせに」と解釈してしまうようだ。

しかし、男性に言っておきたい。これは女性の本音だと。女性を悪く言う気はないが、女性はとても現実的で自己中心的な動物だ。一心同体の仲良し夫婦は別として、ふつうの日本の夫婦関係はとても淡泊だ。夫婦で毎日、愛情を確認し合うこともないし、子供ができた時点で女性は母親になってしまい、夫への関心は以前にも増して減るのが一般的だ。

男性が家族のために一生懸命働いてくれているうちに、男性の家庭での存在は薄くなり、退職して稼げなくなり、子供も巣立ってしまい、気づくと、うっとうしい夫と2人だけ。愛情を育ててきた夫婦は、手をつなぎ美術館巡りで第二の人生を謳歌《おうか》できるが、一般的な夫婦は、女性は女性の友達と遊び、男性はひとりで図書館通い。

本当にこんなこと言いたくないのだが、日本女性は、愛よりもお金のほうが好きなようだ。伴侶をなくして再婚したがるのは男性のほうで、女性は「せいせいした」と思っている人が多い。

『夫に死んでほしい妻たち』（朝日新書）がベストセラーになっていることからも、そのことは明らかだろう。

女性がひとりになっても強いのは、幸せを男性との人間関係に求めないからではないかと思う。

女性は女性同士でわいわいおしゃべりするのが好きだ。夫がいなくても、友達としゃべることで、孤独の底に追いやられなくてすんでいる。話し相手がいること。それは何も異性でなくてもいいことなのだ。80代、90代の未亡人でひとり暮らしをしている人が近所にたくさんいるが、皆さん、それぞれしゃきっとして暮らしていらっしゃる。

氷川きよしのコンサートが楽しみと言う方、習字が好きで一日中、家で習字をしていると言う方。またアクティブな人は、友達と宝塚を観に行ったり、展覧会に行ったりしている。

一方、男性はどうだろうか。男性は妻を失ったとたんに、風船の空気が抜けたような状態になる人が多いように感じる。日本の男性は会社の肩書がなくなったとたんに、しょぼくれてしまうように見える。

特にサラリーマンはいけない。サラリーマンだった人は、長いサラリーマン生活の中で、自分を見失ってしまっている人が多い。

もともと、ただの人だったのに、会社の看板で生きてくると、どうも本来の姿より大きい存在の人間だと勘違いしてしまうようで、退職してからもその癖がとれず、周りから避けられ、孤立しやすい。

生物学的に見ても女性は男性より生命力は強い。精神力も女性のほうが強い。気も強い。ただ、体力が男性よりないだけだ。

そう、女性に経済力さえあれば、もう何も怖いものはない。それが女性のように思う。

90歳以上の超高齢者で、いきいきしている男性を探すのは大変だが、いきいきしている女性を探すのは簡単なことからも、そのことがわかるだろう。

だからこそ、『老後ひとりぼっち』は、男性にこそ、真剣に自分のこととして考えてほしいテーマなのである。

これから急増するだろう高齢でひとり暮らしの男性たち。「老後ひとりぼっち」と聞くと、なにやら孤独死を思い浮かべたくなるが、幸せな「老後ひとりぼっち」を送っている方もたくさんいるので、諦めずに、前向きに幸せな「老後ひとりぼっち」族を求めていきたい。

偉そうですみませんが、これは自分にも言い聞かせていることなので、許してください。

第4章　「ひとり」に冷たい日本

ひとりになってぶち当たる「保証人」という壁

若い時のひとりと、老いてからのひとりでは、これほど大きな違いがあることを、若い時に気づく人はそんなに多くないはずだ。わたしもそんな1人だ。

30代のころのわたしは、「ブルータス、お前もか」ではないが、生涯独身だと思っていた友人までが結婚していくのを見て、内心かなり焦ったものだが、40代に入り自立できる見込みが立ったころから、シングルも悪くないと思えるようになってきた。そして、50代になると、その思いは確信に変わった。

子供を持てなかったことは残念なことだが、人に頼らず自力で生活でき、家族のことで煩わされることのないシングルライフは、既婚者が想像するほど寂しいものではない、というのが本音だ。

昨今は、女性の社会進出も目覚ましく、結婚よりシングル人生を選択する人も多くなった。男性も同じだ。結婚しろと、うるさく言う大人が少なくなったせいか、気楽なシングルライフを生きる男性も年々増加している。それに昔と違い、コンビニやスーパーの充実が、料理の苦手な男性のひとり暮らしを可能にしている。

結婚して家族を持つのは幸せなことだが、なかなか親の思うようにいかないのが、子供だ。いじめや不登校からひきこもりになり、いつまでも子供から解放されない親も多い。もちろん、家族を持つのは、煩わしいことばかりではなく、喜びがあるのも事実だが、ひとりの人には、家族の喜びがない代わりに、自由がある。

しかし、永遠に続くと思われた「ひとりの自由」は、ある日、突然、「ひとりの不自由さ」となり襲ってくるのを、わたしは予測できなかった。つくづく思うのだが、社会における問題は、自分に降りかかってこない限り、気づかないものだ。子供のいないわたしが「保育園落ちた日本死ね！！！」がニュースになるまで、大きな社会問題であることに気づかなかったように、ひとりの人が直面している問題も、ひとり身にならないと気づきにくい。

前置きが長くなったが、ひとりの人を困らせている社会における問題、それは、人生の大事な場面で「保証人」を要求されることだ。日本の社会では、就職する時、家を借りる時、病院に入院する時、介護施設に入る時に身元を保証する「保証人」を要求される。

しかも、保証人の要求だけでなく、身内の保証人を立てるのが通例だ。まるで、この社会には身内のいない人はいないかのように。

ひとりの人は、確かに結婚して家族を持たなかったかもしれない。しかし、家族を持つのも持たないのも個人の自由なはずだ。社会にはいろいろな人がいるのに、身内の保証人を当たり前のように要求するのは、「人は結婚して家族を作るのが当たり前」という前提に立っているとしか言えない。

大家族が多かった時代ならいざ知らず、ひとり世帯が急増している現代社会にあって、いまだに、保証人要求がまかり通っているのは問題ではないだろうか。

若い時に、家を借りるたびに保証人を書かされてきたはずなのに、社会より自分のことにしか関心がなかったわたしは、この問題に気づくはずもなかった。引っ越し魔だったので、賃貸マンションを何度も借りた経験があるが、その時は父が生きていた。中古マンションを購入する時も、父が保証人になったことで、銀行からすんなりお金を借りることができた。すべて、身内の保証人である父がいたからだ。30代で中古マンションを購入する時に、先輩から、「生きているうちに親を使え」と言われ、その時はあまりよく意味がわからなかったが、今になるとそういうことなのかと納得できる。60代の今のわたしに、保証人になれる身内はいない。

シングルで気ままに生きてきたツケが、こんな形でのしかかってくるとは、若い時に想像だにしなかったことである。高齢者、ひとり者、いわゆる弱者の前に「保証人」が、ゾンビのように立ちはだかり、苦しめている。

これから、単身の高齢者は増える一方だ。高齢というだけでつらいのに、そこに、保証人がないと家も貸してもらえないというのはおかしくないだろうか。しかたがないという人がいるが、それでいいのだろうか。わたしはそうは思わない。

親のいない若者もいる。その人は、家を借りる時、頭を下げて親戚に頼んだに違いない。悪いことをしているわけでもないのに、なんで人に頭を下げなくてはいけないのか。こうして書いているだけで、頭に血がのぼってくる。人を担保にしないと、家も借りられない社会はおかしい。間違っている。

私が65歳の時、こんな体験をした。この話をすると、皆が「ウソーー」と驚きの声をあげる。マンションを売却することになり、次のマンションを購入するまでの仮の住まい（賃貸）を探している時のことだ。

近くに、手ごろな物件を見つけ、契約しようと不動産屋さんに行った。保証人も立てたのに、契約日の前日、突然、大家さんから拒否されたのだ。

理由ははっきりとは言わなかったが、わたしが若い会社員ではないからのようだった。わたしは、収入は落ちているが物書きとして現役だと自負していたが、相手からすると「65歳、収入不安定、ひとり暮らしのお婆さん」でしかなかったのだ。

まさか断られるとは思ってもみなかったので、連絡を受けた時は、社会から否定された気がして、とてもショックだったことを今でも覚えている。わたしは社会の片隅に捨てられた人なのか……。

人は誰でも年をとる。年をとれば無職になる。そして、ひとり暮らしになる。そして老後ひとりぼっちになる。2035年には、都市部では5人に2人が高齢単身世帯になると予測されているのに、身内の「保証人」がないと家も借りられないこの悪しき習慣はなくさないといけないだろう。

どんな場面で保証人を要求されるか

では、どんな場面で「保証人」を立てることを要求されるのか。

わたしたちが老いていく中で「保証人」を求められる場面は主に三つだ。そして、その保証人とは、身元を保証する「身元保証人」である。

1 家を借りるときに身元保証人を要求される

家を借りたことのある人ならわかると思うが、賃貸契約の際、保証人を要求される。これは、身元保証と呼ばれるのもで、借り手の身元保証と家賃を滞納した時の支払い保証、死亡時における家財整理、建物の明け渡しの保証を意味する。

保証人なしでは、アパート一つ借りられないのが、今の日本の現状だ。保証人になってもらえる人がいない人はどうしたらいいのか。答えは簡単。民間賃貸住宅では借りられないことになる。公団の場合は、身元保証人はとらない。その代わりに、預貯金の残高証明書、納税証明書などを求められる。これはとても妥当だと思う。

日本の制度は、すべてと言っていいくらい、強者保護の立場でできている。個人の所得税や消費税は上げても、法人税は下げる、税法にもそのことがよくでているではないか。

つまり、賃貸契約とは大家さんを守る契約書の作りになっている。借り手は敷金、礼金、家賃を払う上に、まるで犯罪者のように縛りがある。これは日本の悪しき慣習で、国が国民を管理するのと構造は同じだ。家賃のとりはぐれはないか。変な人に借りられたら困る。トラブルがあったら困る。大家を守るために、身元保証人がいるのだ。何かあった時は、身元保証人に責任をとらせるために身元保証人という人質《ひとじち》をとるのだ。

2　介護施設・有料老人ホームに入所する時に、身元保証人を要求される

高齢になり、自宅で暮らす自信がなくなると、有料老人ホームや介護施設などへの入所を希望する人がでてくる。最後まで自宅でと思っていても、病気やけがなどにより、ひとり暮らしが困難になった時の最後の住まいとして考えられるのが、それらの施設だ。

もし、長生きをしてしまったら、ぎりぎりまで自宅でがんばり、いよいよの時は、自分の経済力に見合った施設に入るというのは、ごく一般的な考え方だろう。

しかし、最後の家になる介護施設や有料老人ホームに入るのにも、保証人という壁が立ちはだかる。お金さえあればなんとかなると思っている方も多いだろうが、どっ

こい、お金があってもこれらの施設には入れない。

ひとり身で高齢の場合、身内の保証人を立てるのは非常に難しい。本人が高齢になるころは、親も兄弟もいないのがふつうだ。友達と言っても同じ年代の友達なら認知症になっているかもしれない。姪や甥も身内だが、疎遠な高齢者はとても多い。お金の入ったバッグをかかえながら施設の前に立ちつくす、悲しき高齢者の姿を容易に想像できる。でも、それは他人事ではなく、わたしたちがこれから体験する出来事なのである。

3　入院、手術の時に身元保証人・身元引受人を要求される

保証人問題は、どこまでも追いかけてくる。大家族の時代ならともかく、核家族、ひとり家族が主流の時代に、身内の保証人を求めるほうが本来、間違っていると思うが、現実の社会はそうなので、事実を述べるしかないのがつらいところだ。

わたしは幸い、大きな病気をしたことがないので、病院で保証人を要求される場面に出くわしたことがないが、これからはわからない。

母は90歳を超えた。娘のわたしももうすぐ70歳になろうとしている。猫はいるが子

供はいない。弟はいるが、4つ年下のおひとりさまだ。これでは兄弟とはいえ、なんの役にも立たない。

いえ、わたしこそ、弟の保証人にもなれない。人に迷惑をかけずに誇りを持って生きてきたつもりだが、いつの間にか、社会の隅に追いやられていることに気づき、老いの恐ろしさを痛感する。老いとはただ、顔がたるむことではないのだ。わたしは自分では終わった人だと思っていないのに、社会はわたしを終わった人扱いし始めているのだ。こんなの許せない。

病院は何を患者に保証させたいのか。それは入院費や医療費の支払い保証、手術や治療に対する同意・死亡時の手続きや身元引受人である。

もし、手術が失敗に終わって死亡したら遺体の引き取り手が必要だ。死ななくても病院から退院するのに人の手が必要だ。ひとり身の人を玄関に置き去りにするわけにはいかない。

病院側の気持ちもわからないではない。昨今は、治療費を払わずに逃げる富裕層の患者が多いと聞いた。治療費の踏み倒しはお金のない人がするものかと思いきや、昨今は金持ちに多いと聞き、ぞっとした。高額医療費のとりっぱぐれは、病院の命取りになるので、保証人要求もわからないではないが、十把ひとからげではなく、臨機応変にやってもらいたい。

身元保証人を立てないと、家を貸してもらえない現実

事例１　お金があれば貸してくれると思っていた
――79歳・元会社役員の男性・ひとり暮らし――

元大手企業の役員だった79歳の男性は、家を借りる時に「保証人」を要求され、うろたえた。４年前に妻を亡くした彼は、築40年の一軒家を壊し、建て替えを決意する。妻の遺品整理をするタイミングで家ごと処分することを思いついたのだ。それは、シングルマザーの娘のために地震に強い家を残すためだった。彼は、誰にも相談せず、ハウスメーカーと契約し、現金で全額支払った。そこまでは順調だったのだが、新しい家を建てている間に、自分が住む家を借りるために、不動産屋を回っている時、彼は保証人問題に出くわしたのだ。

どの不動産屋に行っても、身内のしかも会社勤務の身元保証人を要求された。元会社役員だった彼が、はじめて社会の差別の壁に直面した時だった。

会社にいたころだったら保証人になれる人は、周りにいっぱいいたが、皆、定年退職している。娘と息子がいるが、あいにく2人とも会社員ではない。

彼は不動産屋に「現金を預けてもだめなのか」と詰め寄ったが、首を横に振るだけだったということだ。

途方に暮れた彼は、「参ったよ。家が建つまでに住む家がないんだ」と、元取引先の女性にこぼすと、見るに見かねた彼女が「わたしが保証人になりましょうか」と言ってくれたのである。なんて優しい人なのか。でも、もし、彼女が申し出てくれなかったらどうなったのか。これが今の日本の現状なのである。

事例2　保証人を2人も要求された

――65歳・独身男性・自営業――

自営業の65歳の独身男性は、これまで長い間借りて住んでいた都内のマンションから、ひとり暮らしの母親が住む千葉県に移転することになった。それは、ひとり暮らしの95歳の母親を心配してのことだった。男性は女性と違い、住まいにこだわりを持つ人は少ない。彼もその1人で、住居など住めればどこでもよかったので、収入があったにもかかわらずマンション購入を考えたことがなかった。

彼が現実の厳しさに接したのは、この時、つまり65歳の転居の時だった。貯蓄もあるので、すんなりと借りられるつもりだったが、不動産屋から身内の身元保証人を要求され戸惑った。

遠方に兄はいるが、元会社員とはいえ現在は70歳の年金生活者だ。不動産屋が望む保証人は、現役の会社員の身内だった。甥や姪がいることはいるが、普段、交流してないので、頼む気にはなれなかった。

しかし背に腹は代えられず、プライドを捨て、甥に頭を下げ10万円のお礼を添えて、保証人の欄にサインしてもらった。

ところが、安心したのもつかの間、本契約の段階になると、不動産屋から保証会社と契約してほしいと言われた。「えっ」。甥の保証人を立てたのに、さらに保証人を立てろと言うのか。腑に落ちなかったが、質問する勇気もなく、彼は従った。納得できないがこれが今の日本の現状なのである。

事例3　次に借りられない時は、海にドボンですよ

――60代・独身・元大学教授――

20年以上前に、これからは家族の単位はひとり。ひとり家族の時代だと察知したわたしは、『ひとり家族』（文春文庫・現在絶版）という本を書いた。さまざまなひとり暮らしの人を取材した中で、忘れもしない1人の男性がいる。あの時、わたしはまだ40歳ちょっとと若く、ひとりとはいえ、シングルキャリアウーマン街道まっしぐらだったので、同じシングルと言っても、定年退職した男性の気持ちなどわかるわけもなかった。

今、『老後ひとりぼっち』を書きながらわたしは、あのとき男性が話していたことを思い出している。20年以上も前のことなのに、なぜか鮮明に覚えているのは、わたしの今を暗示していたからかもしれない。その時の彼の顔は笑っていたが、深刻さが漂っていた。

誰の紹介で、彼を取材することになったか忘れたが、ひとり身で大学教授を退官したばかりの彼は賃貸アパートに暮らしていた。忘れもしない。彼はこう話した。

「退職したので、長く住んでいたアパートを引っ越そうと思ってね。ともかく不動産屋をあたったけど、どこも貸してくれないんだ」

「えっ、大学教授だったのに、どうしてですか」と不思議に思い聞くと、彼は言った。

「大学教授でもね、やめてしまえば、ただの老人ってことですよ。老人は火事を出すかもしれない。老人に家で死なれたら困る。そんなで……」

「でも、ただの老人ではないと思いますけど」。彼はとてもダンディで素敵な男性だ。

彼は、相手がそうなら、こちらもと、昔の名刺を出して家探しをしたところ、すんなりと貸してくれるところが見つかったと笑った。

「この家からはもう絶対に引っ越せない。もし、追い出されることがあったら……、その時は、船に乗って海にドボンと死のうと決めています」

誰でも保証人なしで借りられるアメリカ

アメリカでは、「人種、性別、障害の有無、結婚の有無で」アパートを貸さないことは法律で禁止されている。ここが日本と大きく違う点だ。わたしもアメリカに住んでいたことがあるのでわかるが、日本人の学生でも借りられる。アパートを借りる際に、もし、年齢や人種、学生だからということで断られたとしたら、法律違反で訴えることができる。それがアメリカだ。

アメリカの賃貸事情だが、アメリカにも敷金・礼金制度はある。一般にデポジットと呼ばれているもので、通常家賃の2か月分程度の保証金を支払うことになっている。デポジットさえ支払えば、誰でも借りることができる。保証人はもちろん必要ない。家賃さえきちんと払ってもらえればいいからだ。それ以上、大家が何を求めるというのか。

日本では、敷金・礼金を払った上に、さらに身元保証人を要求する。借り手を信用しなさすぎる。

しかも、高齢者に貸すと、死んだら困るとか、火事を出されたら困るとか、自分たちに不都合なことが起こりそうなので、貸したがらない。もちろん、貸す側の大家の気持ちもわからないではないが、日本の場合、民間の大家の数が多すぎるから、こういうことになるので、公営住宅をもっと充実させるべきだ。

2016年4月に来日したウルグアイの前大統領ムヒカさんは、日本滞在を終えた感想を聞かれ、こう答えた。

「日本の高齢者は幸せではない。高齢者が安心して住める住宅を国は、もっと作るべきだ」と。

お金で解決する韓国

韓国では保証金にあたる「チョンセ」と呼ばれるものを支払う。これが家賃の1年分、2年分に相当するもの。これを払えば退去時まで家賃を払う必要はなし。オーナーが「チョンセ」を元に運用して利益をあげるためだそうだ。居住する期間はあらかじめ決めておく。これもどうかと思うが、お金の有無がものを言う、お国柄が出ているではないか。

身元保証人なしでは有料老人ホーム・介護施設にも入れない

ひとり暮らしの高齢者にとり、終いの住処として考えられるのが、有料老人ホームや介護付き施設だ。ずいぶん昔の話になるが、作家デビューしたての40歳前後のころ、シングル女性と終いの住処について本にまとめるために、取材したことがある。その時、歴史ある東京都の有料老人ホームを訪ねたのだが、いろいろ質問している中で、気づいたことがあった。

有料老人ホームの入所者の7～8割ほどが女性なのは、周知のとおりだがが、入所女性のほとんどが、ひとり身の女性だと、その時わたしは初めて知って驚いた。つまり、昔は、看護士や教員を退職した独身女性たちの最後の家が、有料老人ホームだったということになる。言い変えれば、有料老人ホームは、身寄りのないひとり身の女性が年金で入る終いの住処だったのだ。

昨今は、裕福な家庭の高齢者が入るところになっている有料老人ホームだが、昔はそうではなかったということに、時代の変化を感じざるをえない。

高齢の単身者は、時代がどんなに変わっても、身寄りのいない高齢者なのだから、救済が必要ということになる。収入、預貯金の額に関係なく、本来なら、どんなに安っぽいところでもいいから、最後の住まいを与えられてしかるべきだと思うが、まあ、今の冷たい政治に言っても無理だろう。オスプレイの購入を控えれば、どれだけの人が助かるか。

ひとり身の高齢者の前に立ちはだかるのが、介護施設や有料老人ホームの入所の際に要求される身元保証人だ。ほんとうに嫌になるが、死ぬまで「ひとり」では生きさせてもらえないのが日本だ。なんて不自由な国なのかと絶叫したくなる。お金はあっても、身元保証人がいないことで、有料老人ホームなどに入所できなくて困っている人はたくさんいる。

事例1 身元保証人は教会の牧師さんに

——82歳・女性——

「施設入所に際しては『保証人の問題』が真っ先にきます。私の場合は、幸運なことに、所属会員になっているキリスト教会の牧師が快く保証人を引き受けてくださいました。それがなかったら、入所は困難だったかもしれません。

実は、今のケアハウスに入所する前に、わたしは株式会社が運営する有料老人ホームに入所していました。そのとき、保証人のいない人は、300万円くらいの上乗せで、という話もありました。また、ほどなく、身元引受人をするという会社が、その施設の中に事務所を開きました。

しかし、わたしはそういうところを信頼する気になれませんでしたし、幸い牧師さんのご厚意で、助かりました」

事例2　NPO法人にお金を払って身元保証人になってもらった

――65歳・女性・元介護施設勤務――

「10年前の55歳の時に、身元保証から死後の始末までやってくれるNPOを知り、契約しました。わたしのように未婚で身寄りのいない人にとり、こういうNPOはありがたい存在です。テレビで知った時、藁《わら》をもつかむ気持ちで説明会に行き、即、契約しました。

『信用できるのか?』と友人は眉をひそめましたが、わたしには救いの神です。万が一、だまされたとしても自分の責任だと思って、覚悟の契約です。ひとり身なので、大きな病気になった時、介護が必要になった時のことを考えると、こういうところにお願いせざるをえないのです」

保証人なしでは入院・手術もしてもらえない日本

ひとり身の人で身内の保証人を立てられる人は少ない。

NPO法人SSSネットワークで2014年に「保証人」に関するアンケート調査を行った。SSSは女性の会なので、回答してくれた方は単身の中高年女性たちだ。母数は多くはないが、61名から回答があり、ひとり暮らしの人が置かれている問題を垣間見ることができる。

Q1 どんな時保証人を要求されたか（複数回答可）

入院した時…28人
手術した時…24人
家を借りる時…20人
施設に入所する時…5人

Q2 それは何を保証するものでしたか（複数回答可）

支払の保証…43人
身元引受の保証…32人

Q3 その時、誰を保証人に立てたか（複数回答可）

親兄弟…27人
子供…3人

親類…４人
友人…13人
保証人になってくれるＮＰＯ・公益財団法人…２人
無回答…12人

Q４　保証人になってくれる友人はいるか
いる…27人
いない…34人

Q５　保証人を要求される社会に対してどう思うか
しかたがない…12人
変えていくべきだ…34人
保証人は廃止するべきだ…12人
無回答…３人

以上がアンケートの結果だ。
では、「保証人問題」で実際にどんな経験をしたのか。会員たちの声をまとめた。

事例1　保証人が来るまで手術をストップされた

――68歳・女性――

「4月末、わたしは駅改札口前の階段から転落し、救急車で搬送され、入院しました。その時医療側から家族の保証人が必要だと言われました。遠方ですが兄が1人おり、結局、兄の到着を5時間待ってからの手術でした。遠方でも兄がいたからいいですが、もし兄が死んだらどうなるのか。現実感が増して、不安になりました。医療側や行政に制度変更させるにはどうしたらいいか。手段はあるのでしょうか」

事例2　手術の同意書に身内を求められた

――56歳・女性――

「わたしは大きな病気をした経験がある。その時、自分はいろいろ勉強をして、病気を理解しようとしていたが、ドクターは『家族に説明したい』の一点張り。『自分がわかっていれば大丈夫です。トラブルはありません』と何度も説明したが、ドクターは、ちょっと変わった患者とみていたようだった。

兄弟はいるが、みんな自分の家族を持っている。わたしは未婚の50代で、ひとりで生きて自立した人間のつもりだ。病気のことは、兄弟には知られたくないし、自分で受け止められる。
それなのに、手術の時の同意書に身内のサインを求められた。子供のころは兄弟だったかもしれないが、大人になってまで、兄弟と一緒にしてもらいたくないし、兄弟だって迷惑に決まっている。病院側と本人で、きちんと意志の確認をした書類を交わせば、立会人も身内の手術同意書もいらないと思う。本人の同意で何が問題なのか私には理解できない。この点については医療側にも考えてもらいたい」

——64歳・女性——

事例3　友人の保証人も老いていく

「現在64歳ですが、30代から甲状腺機能低下症で病院通いが続いています。これまでに、何度か入院、手術をくりかえしてきました。昨年も大腸ガンの手術をしたのですが、手術の説明への同意書に本人以外の人のサインを求められました。息子がいますが、海外赴任。ひとり暮らしなので困り果て、友人にサインしてもらうことで、ようやく手術ができました。しかし、なぜ本人のサインだけではだめなのか、考えてしまいました。

わたしの場合、サインをしてくれる親しい友達がいるから、よかったですが、いくら親しくても、頼むのは気が引けるものです。病気持ちなので、これからも、保証人を頼む場面が出てくるでしょう。それに、友人も老いていくので、誰にお願いしようか、悩んでいます」

事例４　友人の保証人に病院は冷たい

――62歳・女性――

「昨年、友人が入院・手術する際に、わたしは保証人になり、続柄に『友人』と書きました。手術当日付き添い、手術報告を聞こうと何時間も待っていたのですが、他の家族には術後報告があったのに、わたしにはない。

胸が痛む思いで待っていたら、夜になり、担架に乗せられた友人と主治医が出てきたので、やっと『どうだったんですか?』と結果を聞くと、『待っていたんですか?ご友人だから……』と。

同じ保証人でも、家族と友人の扱いの違いに愕然《がくぜん》としました。自分の経験から、友達に保証人を頼んだら気の毒だと思いました。

病院側に不安があるなら、入院する前に支払相当額を預託しておけばいいのではないでしょうか。臨機応変にやっていただきたい」

事例5　身内の保証人を要求されましたが、近所の人に頼みました

――73歳・女性――


「白内障の手術をする時、身内の保証人をと言われ困りました。身内は、遠方に住んでいる姪です。たぶん、姪のつれあいも頼めば了承してくれると思いますが、子供がまだ小さく、自分たちのことで精いっぱい。そんな姪に、病院までできてサインして、とは言えない。

結局、近所の人でもいいということになり、でも、そんなことで頼むのは本当に嫌でした。白内障の手術だったから、サインしてくれたけど、ガンなどの手術だったら……。

身内でなければと言われるのは困ります。

ひとり身は、兄弟にとっては、やっかいな存在。お金があれば別かもしれませんが、

なるべく兄弟に負担をかけずに、生きていくつもりです」

事例6　入院費前払いで押し切る

——69歳・女性——

「昨年、白内障手術のため、入院。身元引受人が1人足りず、病院側から要求されました。

その時、『入院費を前払いしますので』とひとりで押し切りました」

意見　兄弟には頼みたくない

——60歳・女性——

「入院の際の保証人は頼みにくいものです。今のところ入院経験はないのですが、たぶん、入院するときには、兄弟に保証人を頼まなければならないでしょう。それを一番恐れます。

人に迷惑をかけたくないからです」

意見　行政で保証人になってほしい

――61歳・女性――

「ひとり身の人は頼める人がいません。身元引受人とか保証人とか、行政でしてもらえないのでしょうか」

意見　頼める人がいない人はどうしたらいいのか

――53歳・女性――

「自分自身の今後において、切実に心配していることは保証人です。身内はいるのですが、仲が険悪で、関わりなく暮らしていきたいと思っているほど。気持ちは他人と同じくらいのものなのです。

病院は、本人がどうなってもいいと言っているのに、保証人、保証人とうるさいようです。頼める人がいないわたしのような人は、そんな時どうしたらいいのか。今から心配しています」

保証人いない！ ひとりの人は死ねというのか！

アンケート調査から見える保証人問題

「成年後見センター・リーガルサポート」が、２０１４年に全国６０３か所の施設（病院・介護施設）を対象に実施した「身元保証」に関するアンケートによると、次のような回答を得た。

まず、「身元保証を求めますか」の質問に対し、「求める」と答えたところは、病院では95・9％、介護施設では91・3％。さらに、「身元保証人が立てられない時は、利用を認めない」と答えたところが、病院では22・6％、介護施設では30・7％だった。

これが日本の冷たい習慣だ。老いてひとりになり、介護施設のお世話になろうとしても、保証人のない人は拒否されるのだ。２０３５年には都心部の５人に２人の高齢者が単独世帯になるというのに。そのうちのどれくらいの高齢者が保証人を立てられるというのだろうか。

また、このアンケートでは、「保証人が見つからない場合はどうすればいいのか」という質問もしていて、それに対しては、約6割の病院・介護施設が「成年後見人に保証を求める」という回答だった。

簡単に成年後見人と言うが、成年後見制度のことを熟知して答えているのか、はっきり言って疑問だ。成年後見制度は成立したが、中身がまだ確立されていないのが現状だ。簡単に成年後見という言葉を使うのはどうかと思う。

後見人と聞くと、自分の代わりに責任を持って、やってくれる人、と思われるかもしれないが、後見人の仕事というのは、財産管理をするだけで、身元を保証する仕事は含まれていない。しかも、成年後見人の仕事が始まるのは、認知症などにより、本人の判断能力が落ちてきた時からで、頭がしっかりしているうちは、後見人と言えども何もできない。

認知症が発症してはじめて、後見人が本人に代わって入所先を探すことになる。くどいようだが、認知症にならなければ、本人が100歳であろうと、後見人の仕事は始まらない。

保証人の見つからない人はどうする？

「保証人が見つからない場合はどうするのですか？」のアンケートの質問には、病院側や介護施設側も、どう答えていいか困ったに違いない。「保証人がなければだめです」ときっぱり言えば、評判が落ちるし、だから後見人を持ち出したのではないかとわたしは推測する。

その証拠に、弁護士の話によると、仕事柄、後見人になることはあるが、東京家庭裁判所からは「病院から身元保証を求められたら、原則的に断りなさい」と指示を受けているということだ。その理由は、保証人の役割の中に「支払保証」があるからだ。

本人の財産管理をしている後見人は、本人の通帳から病院などへの支払額を引き出し、支払うのが仕事だ。つまり、自分が管理している他人の通帳から、自分で引き出すことになる。もちろん、家庭裁判所に報告する義務はあるが、どこまで正確にするかは、後見人によることになる。

新聞などで取り上げられているが、昨今は使い込みをする弁護士も出ていて、社会問題になっている。弁護士だからといって、信用できるわけではないのだ。今後、ますます、後見人に関する問題は出てくると予測される。特に家族のいない高齢者は、仮に詐欺にあったとしても訴えてくれる人もいないので、闇に葬られることになる。

後見人と保証人は別の人が望ましいというのが、裁判所の見解のようだが、そうなると、弁護士に後見人を頼んだから安心だとは言えなくなる。

ちなみに、法律上は、病院や施設に入る際に「保証人」がいなくても問題はないそうだが、実際には、保証人要求が当たり前になっているので、病院で保証人を要求された時に、「法律に定められていないので、わたしは保証人を立てません」と言えるのだが、果たして、言える度胸があるか。

この他者を立てないと身動きができない悪しき習慣を当たり前にしたのは、病院側が悪いのではなく、何も疑問を持たずに受け入れてきたわたしたち側にも問題があると思う。

日本人は権威に弱い。上から要求されると、素直に「はい」と従い、「しょうがない」と思う。そこで、「おかしいじゃないですか。どうしてですか」と聞く人は少ない。納得できないことは聞く欧米人と違うのはそこだ。単身高齢者であるわたしたちは、「しょうがない」と言ってないで、次の世代の人たちが生きやすいように、他者を頼らないでも生きられる社会に改革していく義務があるように思う。

「ひとり」が急増する日本を改革する

これから、ますますひとり身の人が急増する日本だというのに、家族や身内の保証人を立てる慣習は変えるべきだろう。昔は、結婚して子供を持つのが当たり前だったので、身内の保証人を要求されても、家族なのだから当たり前だと思い、応じていただろうが、時代は大家族時代から核家族時代に変わり、しかも、現在は、少子高齢化時代に入り、厚生労働省の発表による女性の出生率も２０１３年の調査では、１・43と極めて少なくなっている。周りを見てもわかるように、特に都会は、未婚者も多く、離婚、死別など高齢になるほど、ひとりになっている。ひとり暮らしの人が増えるだけでなく、社会人になれば、兄弟といえども疎遠になるのがふつうだ。親の元で一緒に育っている時の兄弟関係と、大人になってからの兄弟関係は違う。たとえ、生涯独身であっても、兄弟は兄弟、自分は自分。所帯を持ってなくても自立したひとり世帯であるのだから、大事な場面で「身内」がサインしないと事が進まないというのは、どう見てもおかしいと言わざるをえない。

子供ではないのに、身内の保証人を立てろ？　誰が決めたのかと言いたい。病院側の気持ちもわかる。治療費を踏み倒す患者もいるので、取りはぐれを防ぎたい気持ちはわかる。でも、それなら、保証人ではなく、治療費の前払いでいいではないか。お金の取りはぐれが問題なら、いくらでも方法はあるはずだ。

それから、病院側や不動産屋、介護施設などは、簡単に「身内」と言うが、いくら身内がいても、人に頼みたくないというのが、ひとり身の人の気持ちだ。ひとりで生きてきた人は、人に迷惑をかけるのが、一番やりたくないことの一つだ。

自分の家族を持たなかったひとりの人の唯一誇れることは、人に迷惑かけずに生きてきたことだ。それが、最後の最後にきて、しかも重要な場面で、身内のサインがないと事が進まないというのは、あまりに悲しい。

アンケートでもわかるように、兄弟、甥や姪に頼みたくない人は多い。それは、兄弟と疎遠だからという理由ばかりではない。長い間ひとりで自立して生きてきた人のプライドだ。そのことを、要求する側も理解すべきだろう。

はっきり声をあげよう

もし、「慣習で決められていることですから」、と耳を貸さない人がいたら、それは、日本人全体の問題だと言える。わたしも含めてだが、日本人は、他人のことに対して冷たい。家族に恵まれている人は「結婚しないから悪いのよ」と思っている人も少なくない。

ひとりの人にもいけない点がある。「保証人がないとだめです」と相手から言われた時に、「どうしてですか」と切り返さないからだ。身内の保証人を要求された時に、「身内はいません」とはっきりと言わないといけない。

日本人は、権力に抵抗もせずに黙って従う民族だ。増税されて生活が苦しくても、黙って従う。介護保険料を天引きされても、黙って従う。マイナンバー制も黙って従ってしまった。権力者にとり、こんなに牛耳りやすい国民はいないだろう。

保証人の慣習も同じだ。人に保証されないといけない社会はごめんだ。変えていこうと、わたしたちは、声をあげないといけないだろう。

今の社会の中では、保証人が立てられない人はどうしたらいいのか。兄弟のいない人はどうしたらいいのか。他人に保証してもらいたくない人はどうしたらいいのか。現代だというのに、人質をとらないと事が進まない保証人慣習はどこから見てもおかしい。くり返しになるが、法律では保証人は定められていないということなので、法律的には「保証人」を立てなくていいのだが、現場（病院など）が要求するので、こちらは身動きがとれないことになっている。

「保育園落ちた日本死ね！！！」が話題になり、政府も少しは気づいたようだが、一時の過熱報道が落ち着けば、元の木阿弥《もくあみ》だろう。しかし、話題になっただけでも一歩進んだと喜ぶべきだろう。それにしても、この国は先進国と言えないほど人権が守られていないのには落胆する。農耕民族なので、戦うことより協調することを大切にして生きてきたから、声をあげないのだろう。「しょうがない」「どっちでもいい」「おまかせする」は、農耕民族の悪い面と言っていい。

保証人がいない時どうするか？

病院の場合

1 「身内はいない」で押し切る

病院が保証人を要求する最大の理由は、治療費の取りはぐれを防ぐことである。

身内の保証人を要求されたら、「ひとり者なので、身内はいない」とはっきりした口調で言うこと。「身内はいることはいるんですが、頼みたくないんです」などと、余計なことは言わないことが肝心だ。

「ひとり身なので身内はいません」。これで押し切る。そこで、「じゃ、うちでは入院はできません」と断られることはまずない。もし、断られたら、その病院はどうせろくな病院ではないので、他の病院をあたろう。とにかく、相手に負けないことが大事だ。

2　「治療費を先に預けさせてください」と札束をちらつかせ押し切る

身内がいなくても、保証人になれる友人がいる時は、「身内はいないのですが、友人ではだめですか」と必ず聞くこと。友人でいいと言う所も多い。

それでも、「ダメだ」と言われたら、「治療費を先に預けさせてください」とお願いする。または、銀行預金の残高証明書を見せる。札束をテーブルの上に置くという手もある。

家を借りる場合

1　保証人不要の公団住宅を選ぶ。

空き状況を調べ、都営アパートなどに応募する。

2　民間賃貸住宅の場合。

解決策にはならないが、できたら知り合いの家を借りるのがベストだが、なかなか難しいので、借りる時に、大家さんがどんな人物なのか聞いてみるのも、将来追い出されないですむことにつながるだろう。

介護施設に入所する場合

1　後見人をつける。

2　死後事務委任契約をする。

これは司法書士、行政書士、弁護士に頼むことができるので、出向いて相談してみたい。

3　預貯金の残高証明を提示する、など、相手を説得することも大事だ。

病院もやり方を変えてほしい

困っている人がたくさんいるのだから、病院もこちらに歩み寄ってやり方を変えてほしいと思う。身内がいなくても入院も手術もできるようにするのが、そんなに困難なこととはどうしても思えない。身内の保証人をとれば、それで安心だから、この方法が長く続いているだけだと思われる。

ここで提案だが、治療費の取りはぐれが心配なら、病院は預り金システムを導入したらどうだろうか。

入院する前に「預り金」を病院側に渡す。例えば、20万円かかりそうなら多めに預かるようにする。預金通帳の残高証明のコピーを渡すという方法もあるが、世の中には悪い人がいるので、やはり現金を先に預けるのがいいだろう。この方法で、金銭の保証人は必要なくなるはずだ。

ひとりではなくみんなで束になって立ち向かう

家族のいない人は、信頼できる友人、仲間を持つべきだろう。人は元気で強い時はいいが、一旦弱ると、文句を言う気もなくなり、従わざるをえなくなる。ここまで、ひとりを貫いてきた人が、最後の最後で自分を捨てて、人に追いすがるのでいいはずもない。

対策になるかどうかはわからないが、NPO法人SSSネットワークというひとり女性の団体をやってきたわたしとしては、少なくとも、モデルケースを作ってみせる必要があるのではないかと思い、4人で保証人になりあうグループを作ったばかりだ。

グループの1人が保証人の必要な事態になったとき、想定されるのは病院だが、残りの3人が連名で保証人になろうという案だ。

もし、メンバーが入院手術の時は、残りの3人が「保証人」ですと、出向くと決めた。とにかく束になってかかれば相手もビビるはずだ。それでも断られたら、その病院とはさよならしよう。

第5章　「ひとり」に群がる身元保証ビジネス

「家族の代わり引き受けます」身元保証を法人がやる時代に

ひとりの人が高齢になり直面する最も深刻な問題は、身元保証人を求められることといっても言い過ぎではない。身内がいないことが、どんなにやっかいで大変なことか。お金をだせば解決するものではないことを、身元保証人欄を突きつけられたとき痛感させられる。

ひとりの老後を応援する団体をやってきているからこそ、実感できるのだと思うが、ひとりの人の悩みの第1位は、保証人だ。若い時は、ひとりは気楽で自由で、何の不自由も感じなかった人でさえも、高齢になるにつれ、ひとりの不自由さを思い知らされる。それが、保証人の要求なのである。

SSSネットワークの会員から「保証人を頼める人がいません。友達には頼みたくないし、どうしたらいいの」という悲痛な叫びを、創設以来、ずっと聞いてきた。わたしたちの団体で保証人になるのが理想かもしれないが、永遠に続く保証のない小さな団体で、そこまで人の責任を負うことができるはずもない。

そこに目をつけたさまざまな業種の人たちが、身元保証の仕事に乗り出している。身元保証人のいない人にとっては、誠にありがたい話だ。請け負う法人・団体にとっては人助けになり、利用する人にとっては救世主となる。

身元保証ビジネスはおひとりさまの救世主か？

身元保証をやってくれる法人の草分けは、ＮＰＯ法人りすシステムだろう。20年ほど前に、取材でりすシステムと出会ったとき、なんと素晴らしい事業を手掛けているのかと、いたく感動したものだ。

ひとりの人が最も困っている身元保証からひとり暮らしの生活支援、後見人や死後の始末まで、全部、家族に代わりやってくれるというのだから、ひとり身にとり、こんなに心強いことはない。

本来は行政でやるべきことを、法人が担う時代がきたのだ。おひとりさまの救世主がついに現れたことにわたしは喜びを隠せなかった。超高齢社会に本格突入した今、ひとり暮らしの高齢者を対象にしたサービスを行う法人は増加傾向にある。

家族に代わって身元保証をやるところは、NPOりすシステムを皮切りに、この20年間で100以上の民間事業者・法人が参入している。わたしが知る限りで大手と思えるところは、NPOりすシステム、NPOきずなの会、日本ライフ協会（元公益財団法人）だ。おひとりさまの終活と言うと、この3つが頻繁にテレビで取り上げられてきたので、ご存知の方も多いはずだ。法人が家族の代わりに行っているサービスは、大きく分けて下記の3つだ。

〈サービスメニュー〉

1　身元保証人を引き受ける

入院や施設入所、賃貸住宅契約時に要求される身元保証人を家族の代わりに法人が引き受ける。第4章でも散々書かせていただいたが、高齢ひとり身の人にとりもっとも困ることが、身元保証人がいないことだ。高齢になればなるほど入院手術の可能性は高くなる。いずれ老人ホームなどの施設に入所することもあるだろう。その時に必要なのが身元保証人だ。それを法人がやってくれる。

2　生活支援

ひとり暮らしの人は、何かあった時はそばに人がいないので困ることが多い。急病で緊急搬送された時、通院、退院の時の支援など、必要に応じてやってくれる。

3　葬送支援

死んだあと自分の遺体を自分で処理することはできない。死亡届、葬儀、火葬、納骨など亡くなったあとに関する始末、家の片づけ、ＰＣデータ消去など必要に応じて法人がやってくれる。

こう見ていくと、人の一生の大事な場面はすべて家族の手でなされてきたことがわかる。家族なくして、自然に老いて死ぬことは困難なことが、上記のサービスメニューから読み取れる。

自分のことは、ひとりで最後までやりきりたくても、他者の助けがなくては死ぬこともできないことを痛感させられる。

〈契約の進め方〉

法人により異なるが、おおよそは同じなので、簡単に説明したい。

1 説明会に参加する→納得する

2 会員として入会する→入会金や年会費を支払う

3 必要なプランを選び指定の金額を支払う。葬送など死後に必要な費用を預託金として預ける。

※実際にサービスを受ける時は、そのサービス内容により別途費用が発生するものもある。たとえば、病院の送り迎えはいくら……というように。

※また契約を公正証書にしている法人もある。

※預託金を管理する第三者機関を置いている法人もある。

〈費用について〉

お願いするサービスにより費用は違うので、一概にいくらと言うのは難しいが、契約している人に聞いたところ、最初に100万円ぐらい必要で、その後、預託金として（選んだメニューにより異なるが）、１００万～２００万円以上がふつうのようだ。しかし、最初に収めた金額で、あとは一切かからないわけではないので、何が必要かは、よく考えて契約する必要があるだろう。え？　全部込みじゃなかったんですか？　ということがないように。

ある法人の説明会に参加した60歳の女性の話では、どういう流れで進み、いくらかかるのかを会場で質問しても「人によって違うので、まずは第一段階の契約をしてから、先のことはお話しします」の一点張りで、入会前に、細かい点に関する質問をさせないようにしていると感じたと言っていた。

第一段階と言っても、それに50万円ほどかかるのに、50万円払ってからでないと先の詳細が聞けないというのはおかしい、と不信感を露わにした。ただ、ほとんどの参加者は、法人の説明に対して何の疑問も持たず、「ああ、よかった。これで安心した」と心から喜んでいたということだ。

次に契約して満足している人からも話を聞くことができた。

82歳で離婚歴あり、現在ひとり暮らしの女性は、法人契約を喜んでいるひとりだ。

とにかく、彼女は自分の力で生きてきたという自負があるので、人の世話になるのが大嫌い。どんなに高齢になり歩くことが困難になろうが、自分は有料老人ホームなどに入らず、自宅でがんばると若い時から決めている。そのため、健康には気を使う生活をずっと続けてきた。

しかし、その気丈な人でさえ、老いて介護が必要になった時のこと、万が一の緊急事態が起きた時のことが心配になりだした。そこで、出会ったのが、身元保証をしてくれる法人だ。

彼女は何度も説明会に通い、納得して、契約を結んだ。公正証書遺言も書き、遺言執行者を法人にしたというのだから、すべてを法人に託す覚悟である。最後の最後にきて、甥や姪に身元保証でおすがりするのは自尊心が傷つく。お金で法人にお願いするほうが気楽でいいと話す。住んでいるマンションも法人に寄贈するらしい。

法人を悪く言う気はないが、彼女の例のように遺言で寄贈されたお金や不動産はどこに行くのだろうか？　死人に口なしという言葉があるが、ひとり身の死人にはさらに口なしだ。契約通りに実行されたか、本人が確かめることはできない。つまり、家族の代わりをやってもらうからには、法人と結婚する気にならないとできないだろう。

預り金が消えた！「公益財団法人日本ライフ協会」破綻《はたん》！

２０１６年１月19日付けの毎日新聞を見て驚いた。公益財団法人という内閣府のお墨付きをもらっていた「日本ライフ協会」が会員から預かっていた預り金を流用したという記事が載っていたからだ。以前、毎日新聞の記者から、この業界のことで何かおかしいということをつかんだら連絡してくださいと頼まれたことがあった。そのころ、ある法人の事務所に行ったことがあり、偶然に、引き出しの中の大量の預金通帳を見て、ドキッとしたことがあった。預金通帳を預ける？　法人に？　どういうことか。

「日本ライフ協会　高齢者預託金２・７億円を流用」という大きな見出しの記事（「毎日新聞」２０１６年１月19日）から、引用したい。

全理事が19日に引責辞任へ

身寄りのない高齢者の支援をうたう公益財団法人「日本ライフ協会」（東京都港区、浜田健士代表理事）が、公益認定法の定める手続きを経ずに高齢者から将来の葬儀代などとして預託金を集め、このうち約2億7400万円を流用し、全理事が19日に引責辞任することが分かった。

―中略―

協会は2002年に設立されNPO法人や一般財団法人を経て10年7月に公益認定を受けた。1人暮らしの高齢者がアパートなどに入居する際の身元保証や通院の付き添い、銀行手続きの代行から死亡後の葬儀・納骨までを一括契約する事業を全国17事業所で展開。代表的な契約プランでは、利用者が支払う総額約165万円のうち身元保証料など約106万円は協会に入り、残りの約58万円は将来の葬儀費などに充てるための預託金とされる。

毎日新聞が入手した協会の内部資料などによると、協会は当初、預託金について弁護士などの第三者が預かる「3者契約」を行うとして公益認定を得ていたが、認定の3カ月後、弁護士などを関与させず、協会がお金を管理する「2者契約」を勝手に始めていた。

―中略―

この結果、契約者約2300人のうち、2者契約の約1600人分の預託金約9億円から2億7412万2941円が引き出され、職員の賞与や事務所開設費などに流用された。―以下略―

※公益法人

学術やスポーツ、慈善その他の公益事業を行う法人を対象に、内閣府の公益認定等委員会などが公益認定法に基づき審査し、行政庁が認定する。登記のみで設立できる一般法人と違い、税制上の優遇措置がある。

毎日新聞ですっぱ抜かれると同時に、いとも簡単に全理事が辞任したのにはびっくりさせられた。そんな無責任なことってあるのか？　これが国が認めた公益法人のありさまなのか。理事長も辞任したが、すぐに新理事長が決まり、再建する体制がとら

れ、ほっとしたのもつかの間、その理事長もすぐに辞め、新しいスポンサーを探すことになった。そこで手を挙げたのが、あるＮＰＯだった。おそらく会員は安堵《あんど》したにちがいない。しかし、そのＮＰＯもすぐに「資金調達の見通しが立たない」という理由で辞退した。

日本ライフ協会は、大阪地裁から民事再生手続きを続けることができないと判断され、これにより、破産が確実となったのだった。

身寄りのない高齢者にとり、頼みの綱だった公益財団法人の破綻。なけなしのお金を預けていた人もいると聞いた。公益財団法人ということで信用していたのが、あだとなったのだ。しかし、それでは何のための公益財団法人なのか。国という冠で信用させて、老後ひとりぼっちの人をだましたことにならないのか。これでは、契約していた人が、あまりにもかわいそうだ。

今回の公益財団法人の破綻のことで、電話相談を受けていた女性の話によると、あまりに気の毒なことで、これは高齢者を食い物にした社会問題だと怒っていた。電話口で、お年寄りが「なけなしのお金を預けました。一文無しです」と、泣いていたという。

事例１　有料老人ホームから再度、保証人を要求される

――70代・女性――

日本ライフ協会で身元保証人になってもらい、彼女は4年前に何の問題もなく念願だったある有料老人ホームに入所した。生涯ひとり身の彼女は、元気なうちに最後の場所を確保しておきたかったので、早めの住み替えをしたというわけだ。

もちろん、ここで死ぬつもりだった。ところが、今回の破産の火種が入所中の彼女にまで飛んできた。

彼女はホームから「1か月以内に別の保証人を立てるように」勧告された。ホームの利用料（管理料）十数万円は一度も滞納したことがないし、これからも支払いの心配はない。そのことを彼女は管理者に告げると、なんとこんな言葉が返ってきたのだ。

「だったら、終身保証してあげますから、あなたの全財産をこちらに全部預けなさい」。

信じられないが、本当の話だ。

人にお願いするというのは、こういう危険性を含んでいるので、本当にこちらも用心しなくてはいけない。

事例2　自分でお金の管理はしたくないと通帳を預けた

——70代・男性——

一度も結婚したことがない彼には、兄弟もいない。根っからのひとり者の彼は、退職したら有料老人ホームに入ると決めていた。シングルだったことから、かなりの蓄えもあり高級な有料老人ホームに入所を希望、65歳の時に、日本ライフ協会に身元保証人になってもらい、すんなりと入所した。その時に、日本ライフ協会の人から「通帳を協会に預けておけば、もっと安心でしょ」と言われ、彼も、自分でお金の管理をするのが面倒だったことから喜んで預けた。彼にももちろん問題があるが、お金が必要な時は、日本ライフ協会に「お金ちょうだい」と言ってもらっていたそうだ。公益財団法人ということで、彼は信用しきっていたのだ。

そして今回の破綻だ。幸いにも年金専用の別通帳を持っていたため、ホームへの支払いは問題なかったが、「お金ちょうだい」という法人が破綻し、現金がまったく手元にない状態になってしまった。

電車にも乗れない、弁護士に依頼するお金もない。電話相談員の女性が言うには、彼は、おそらく数千万円は預けていたはずと。つまり、サービスに対する預り金の他に、個人のお金を数千万預けていたということになる。そのお金のことは、破綻処理を担当する弁護士からは今のところ何の説明もない。

公益財団法人を信用して契約したことで、天国から地獄に落とされた彼は今、途方に暮れている。これは詐欺とも言うべき大事件ではないのか。

破産したのですみません。終わりです、という話では済まされない。告訴すべき社会問題だと思うが、関西の会員はスクラムを組んで告訴の用意をしているが、東京の会員はおとなしく、何も行動していないという。マスコミもこの大事件をもっと報道し、皆の知るところとしてほしい。

事例3　ケア付きマンションから新しい身元保証人を要求される
——80代と70代の夫婦——

子供がいない2人は、いずれは自宅を売ってケア付きマンションに入ろうと決めていた。

そこで問題になったのが身元保証人だが、2人は、国が認める公益財団だから信用できるだろうと、数ある法人の中から日本ライフ協会を選んだ。もちろんのこと、2

人はすんなりと入居ができ、安心した毎日を過ごしてきた。それが、法人の破産により、思わぬ事態に立たされている。

管理者側から毎日のように「身元保証人を変えるように」とせっつかれているのだ。顔を見るたびに、「新しい保証人をはやく、はやく」と。2人には眠れぬ夜が続いている。

日本ライフ協会事件の大きな問題は、高齢者と契約を結ぶ際には、弁護士や司法書士などの共助事務所を入れた3者契約を行うと申請しておきながら、「3者ではなく2者契約を行ったこと」だ。

日本ライフ協会は共助事務所を入れない「2者契約」をしたことで、約1600人の預託金約9億円のうち、約2億7000万円を人件費や事務所開設費などにあてていた。

つまり、会員から預かったお金を、会員本人のためでなく、他の目的で使っていたことが明るみになったのである。

破綻した「日本ライフ協会」の今後はどうなるのか

2016年3月18日付けで、管財人である弁護士から、「今後について」の文書が関係各位に送られてきた。

「今後について」の項目では、支援業務終了に至る経緯について述べたあと、次のようにある。

日本ライフ協会の今後についての説明

そういう次第で、今後、日本ライフ協会として支援業務を継続することが困難になったため、やむを得ず、本年3月31日をもって支援業務を停止せざるをえなくなり、日本ライフ協会に対して民事再生手続きを続けることができず破産手続きが開始される見込みとなりました。

と書かれている。

全理事が辞任し、破産宣告し、後始末を弁護士がする。大問題を処理するここまでの時間の短さには、驚かされる。

会員に送られてきた「今後について」の手紙の内容は、次のようだ。


――「事務所単位で預かっている物品の返却について」

通帳を預けられている方もおられますが、順次、ご返却させていただきます。


――「支援業務について」

すべての支援業務がなくなります。日本ライフ協会も破産手続きに入り、従業員もいなくなりますので、日本ライフ協会による支援業務はできなくなります。


お金を支払った人への説明として「できなくなります」、のたった一言で済まされることが不思議だ。国の認可責任はないのか。

――「支援を必要とする会員はどうすればいいのか」
　ご案内のリスト掲載先へご相談いただくようお願いいたします。

　見ると、約70の身元保証を行う団体の名前と電話番号がズラリと書いてあり、そちらに自分でお問い合わせくださいということのようだ。つまり、もうこちらでは責任をとれませんので、自分で他のＮＰＯや民間団体と契約し直せということなのだ。大金持ちでない庶民《しょみん》に、再度契約するお金などあるわけがないに決まっているのに。つまり、泣き寝入りしてくださいということのようだ。

――「預託金は返ってくるのか」
　二者契約の場合は、預託金の額に応じて一部返還されることになります。
　三者契約の場合は、共助事務所で預託金は保全されておりますので、もちろん返還可能です。

　返還可能と書いてあるが、どれだけの額をどのような配分で返還するのか、明確に書かれていない。また、預託金とは別に、お金を預けている人に関しての記述もない。これから連絡がくるのか、わたしにはわからない。

――「各事務所はどうなるのか」

各事務所は順次閉鎖されることになります。

理事長と理事たちは辞めればいいというものではないと思う。ひとりひとりに自らの言葉でお詫びをするのが礼儀ではないのか。

法人や民間団体と契約する時チェックすることは

1　3者契約と聞いて安心しないこと。「第3者の目でチェックをお願いしています」と連呼していた舛添前東京都知事ではないが、3者と言っても知り合いや仲間のつながりのある人がやっているところが多いので、わたしはあまり信用していない。第3者機関と謳《うた》うなら、まったく関係ない組織に依頼するべきだろう。預り金は億単位になるので怖い。

2　契約する時は、丸投げしないこと。安い買い物ではないので、あっさりと飛びつかないこと。

3　日本ライフ協会ではないが、契約する時は、その団体が破綻してもいいという覚悟を持ちたい。日本国の危機が叫ばれている時代にあり、その法人が未来永劫続くという保証はない。

4　「なんでも人にお願いしたい。お金で解決したい」という依存型の性格を直したい。

「公益財団法人」でさえ信用できないとなると

今回の日本ライフ協会の預託金流用に対する反応について、NPO法人SSSネットワークの会員に聞いてみたところ、次のような意見をもらった。

意見1

私も日本ライフ協会は「公益財団法人」なので、同じように保証人や生活支援を行ういろいろな協会の中でも安心だと思っていました。

何を基準にこのような団体を選べばよいのでしょうか?

友人や親族には無理にお願いできないし、いつも心を悩ませています。

意見2

日本ライフ協会の立川事務所の開設の案内が届き、出席しました。その後、数か月に1回、個別相談日のお知らせがあり、「公益財団法人」なので、いずれは入会するつもりでした。会員数が少ないわりには、全国に事務所があり、よく運営できると疑問に思っていました。

意見3

身寄りのない高齢者の預託金を職員の人件費、他に流用するなど許せません。「内閣府公益認定等委員会」は認定していた3年ほどの間、この実態がわからなかったのでしょうか。不思議でなりません。日本ライフ協会は「事業の拡大路線を進める中で、預託金を流用せざるを得なくなった」と弁解していますが、身寄りのない高齢者の支援のあり方について、知恵を出し合い、改革を進めてほしいです。

意見4

「公益財団法人」ですら、信用できないとなると、私のような身寄りのない高齢者は、どうなるのでしょうか。入院もさせてもらえない、手術も受けられないということでしょうか。そもそも保証人がいなければ、入院、手術を拒否するという社会のシステムは一体どのようなものでしょうか。人権問題だと思います。

意見5

日本ライフ協会の説明会に出席したことがあります。出席者30名ほど。スタッフ6名。概要説明がありその後、質疑応答に。わたしはこう質問しました。

「業務内容は時代がまさに求めているものだと思いますが、会員のイザはいつ発生するかわかりません。その時があちこちで起きたら、どうやって全員との契約を遂行するのですか」

説明担当者はわたしの質問に答えられず、無言の数十秒が。すると、リーダー格の人が、マイクをむしりとって、猛烈な早口でしゃべりはじめました。まるでイライラトークショーのように。要約すると、「今後の我々の活動を見ていてほしい」という内容だったと思います。

わたしは、この協会に自分を託すことはできないと判断しました。あのときの直感を信じてよかった。やっぱり究極的に頼るべきは自分の心だというのが今の心境です。

第6章　悲惨な「老後ひとりぼっち」にならないために

――今から押さえておくべき20のこと

＊まずは、あなたの夫婦関係を見直そう

1 「ありがとう」を口癖にする
——定年後、妻に捨てられないために

30代、40代の働き盛りの男性たちにとり、老後はまだまだ先のことに違いない。まして や自分が「老後ひとりぼっち」となると、想像できる人は少ないだろう。しかし、残念ながら、その時は、遠くない将来やってくる。まだ余裕のある今から、「老後ひとりぼっち」になってもうろたえないですむ勉強をしておくのは賢明なことだろう。

定年を迎えると、誰もが、人生は仕事で成功することでも、経済的に豊かな暮らしをすることでもなく、老後を心穏やかに送れることだと気づかされるものだ。

人の人生に勝ち負けはないが、もし勝者がいるとしたら、それは、「老後ひとりぼっち」になった時、楽しく愉快に過ごしている人のことだろう。

はっきり言って、老後ひとりぼっちになってから対策を立てるのでは遅い。なぜなら、老後ひとりぼっちの状況は、その人のそれまでの人生の延長線上にあるからだ。現在、結婚している方は、今の結婚生活、夫婦関係がこれでいいのか、子供の世話や教育にかまけて夫婦の心が離れてしまっていないか。まずは、そこから見つめ直してほしい。

既婚女性が集まると、必ずと言っていいほど夫の不満が出る。うちの夫はいい人だけど、なんの会話もなくてつまらないとか言っている。残念だが、主婦同士で会っている時のほうが、妻は夫といる時より、イキイキしているように見える。

耳をそば立てて話を聞いていると、つまらない夫と別れないのは、子供のためと、経済的な理由のようだ。そして会話の最後は「夫が退職してずっと家にいられたらどうしよう」で、皆がうなずき、ランチタイムは終わる。

今から夫婦仲良くと言っても、すでに夫婦仲が冷え切っている方もいるはずなので、どうしたら修復できるのかをシングルのわたしは話したい。

今からあげる例は、ある市民セミナーで講師を頼まれたとき、60代の主婦の方から実際に出た質問だ。彼女は、定年退職した夫と毎日顔を合わせているのがつらいと訴えた。話の内容はこうだ。

結婚35年。子供が結婚して家を出て行き、夫婦2人暮らしになってから15年が経つ。その間、夫と2人で暮らしていて楽しいと思ったことがない。夫は無口で、彼女から話を振っても、まったくのってこない。

それでも夫が現役の時は我慢できたが、定年退職して一日中家にいるようになってからは息が詰まると嘆く。

「2人で黙って食べる毎日の食事が一番つらいんです。これから先もずっと続くのかと思うと地獄だわ……」、彼女はため息をついた。顔色も悪く、本当につらそうだ。

そこで、ひとり身のわたしは彼女に言った。「あのね、聞いていると、相手が悪いようなことばかり言っているけど、あなたも反省するべき点があるんじゃないのかしら？」。この言葉が意外だったようで、彼女は私を二度見した。

そして、わたしは言った。

「失礼な言い方かもしれないけど、あなたは夫に感謝したことある？　これまで夫にありがとうって言ったことがある？」

彼女はとっさだったので、うろたえた。わたしはたたみかけた。

「悪いけど、あなたみたいな美人でもなけりゃ、性格が特にいいわけでもない、ただの女と、彼は結婚してくれたのよ。今まで生活に困らなかったのは彼のお陰でしょ。原点に戻って考えてみてよ。どんなにつまらない男かもしれないけど、夫には感謝してもしきれないいんじゃないのかしら」

彼女は黙った。そして、わたしは、これから夫婦円満にやっていく方法を話した。

「ねえ、今日、家に帰ったら、夫に『ありがとう』って言ってあげて。わたしみたいな人と結婚してくれて、ありがとうって。そうしたら2人の関係は良くなるわよ。長い人生でしょ。せっかく相手がいるんだから、仲良くしなきゃもったいない。わたしなんか、黙りこくる相手もいないんだから」

次週のセミナーで彼女と顔を合わせた。素晴らしいことに彼女は「ありがとう」を実行したと言うではないか。

その晩、彼女は無口で反応のないいつもの夫に向かい、正座して「わたしみたいな人と結婚してくれてありがとう」と言ったそうだ。すると、夫は驚きながらも「こちらこそありがとう」と言って、男泣きしたということだ。

15年間、会話らしい会話のなかった夫婦に、この日から光が射し込み、今では2人で手をつないで土手を歩くまでになったと言う。そうです。夫婦の修復は簡単なことなんです。感謝の言葉があれば、仲良くなれるんです。

あのまま行っていたら、夫は確実に捨てられ、悲惨な「老後ひとりぼっち」になったと思われるが、彼女の「ありがとう」作戦で救われたのである。

「ありがとう」を口癖にして、夫婦仲良くしてください。シングルのわたしからのお願いです。

2 石鹸の香りのするお父さんをめざす

——家族から愛される父でいるために

妻や娘から「臭い！」と言われたことのあるお父さんは、かなりいるのではないだろうか。「お父さんの洗濯ものと一緒に洗わないで」「お父さんの後のお風呂に入りたくない」、と娘から言われて、寂しい思いをした経験のある人は多いはずだ。

こんな時、笑ってごまかしたり、そのまま放っておいてはいけない。これこそが、身内だからこそ指摘してくれる貴重な忠告だからだ。

最近の若い男性には、女性顔負けの清潔好きの人を多く見かけるが、中高年となると伝統的な汗臭い人が多いような気がする。

大きな声では言えないが、数年前から、事務所に電車通勤するようになり、世の中には臭い男性が多いことを知った。長い間、男性と暮らしていないわたしなので、普段、男性と半径1メートル以内に接することは、ほとんどない。電車通勤の恐怖は、隣に中高年男性が座る時だ。「あの人、隣に来ないで」と願っている時に限って来る。

差別だと言って、怒らないでほしいのだが、既婚男性に比べて独身男性に臭う人が多い。なぜかと言うと、既婚男性には、臭いのチェック係長である妻や娘がいるからで、独身男性には、忠告してくれる人がいないからだ。

ここまで話すと矛盾しているかもしれないが、老後、最も頼りになるのは家族だ。特に妻や娘は、頼りになる存在だ。

いくら稼いでいても、家族のためにがんばってくれていても、妻や娘から臭がられたら、終わり。あなたの老後の最大の味方である妻課長と娘係長に好かれるお父さんでいたい。

男性も退職してしまえば終わった人、ただの人になる。そのとき威力を発揮するのは、元の肩書でもなければ、預金高でもない。家族から好かれるお父さんであるかどうかだ。

今から性格を直すのは難しいが、清潔にするのは今日からでもできる。寂しい「老後ひとりぼっち」になりたくなかったら、今日から石鹸の香りのするお父さんになりたい。

3 笑顔こそ夫婦円満にはかかせない
——突然、夫や妻に捨てられないために

これは、男性にも女性にも言えることだが、身内だからと言って、無愛想でもわかってくれると思うのは、ちょっと違うような気がする。思うのは自由だが、家族とて他者だ。

昔、人生の師から言われたことがある。

「人に、理解してもらおうと思うのは間違いよ。人は、自分の都合のいいようにしかとらないもの。人から理解されなくてもいい、という強い気持ちが大事ですよ」

30代の時には、ピンとこなかったこの言葉が年と共に、理解できるようになった。家族だからと、家族は理解しあえて当然と思う人もいるが、家族とて理解しあえないのが人間ではないだろうか。夫婦円満と言葉で言うのは簡単だが、実際はそう簡単なことではない。相手に理解してもらうことを求めず、理解してもらえなくても、「まあ、そういうものさ」と笑って過ごしているうちに、いい夫婦関係が築けるような気がする。

「ありがとう」と言葉をかけあうのも大事な要素だが、笑顔でいることも、相手に対する思いやりだ。

町を歩く時、人が集まっている場所に行く時、癖で、つい細かく人を観察してしまう。同じ高齢者でも、悲惨な老後を送っている人と、楽しい老後を送っている人はすぐにわかる。服装の違いか、歩き方の違いか。決定的な差は何なのか、注意深く見ていたところ、それは、顔の表情だという結論に達した。

笑っているか。笑ってないか。年金受給額が多い人が笑っているとは限らない。あんまりお金のない人のほうが、笑顔だったりする。暮らしのレベルや預金額でなく、笑顔でいれば、周りの人も思わず笑顔になるし、自分も楽しい。

わたしは団体の活動を通して、寂しい「老後ひとりぼっち」の女性にたくさん会ってきた。本人に確かめたわけではないが、楽しく生きていないことは、一瞬でわかる。それは、無表情で不満顔をしているからだ。と言う、わたしの口角もめっきり下がっているので、人のことは言えないが。

いいことが無くてもニコニコしている男性は、女性から好かれる。妻とて同じだ。どっちかがニコニコしていれば、相手にうつる。夫婦仲のよい夫婦は似ていると言われるが、それは両者が笑顔だから同じ印象に見えるのではないだろうか。

「あなたって、笑顔がかわいいわね」と妻に言われたら、寂しい「老後ひとりぼっち」は回避されたと思ってもいいだろう。

4　相手へのサプライズは効果大！
——言葉で伝えるのが苦手な人のための、とっておきの方法

子供ができたとたんに、妻は夫より子供に目が向き、そのうち夫の存在すら忘れるというのが、日本の夫婦にありがちなことだ。

失礼かもしれないが、日本の男性はなんでこんなにも女性を楽しませることが下手なのかと首をかしげたくなるほど、ユーモアのない人が多いように思う。外国の男性がいいというわけではないが、外国の男性はどこの国の人も気の利いたジョークの一つはでる。ところが日本の男性ときたら……。こんなことを書いてしまって、ごめんなさいね。昨今の若い方は、違ってきていると思いたい。

日本の男性はよく言えば照れ屋だが、意地悪な見方をすると、サービス精神のないつまらない人と言える。「『愛している』なんて恥ずかしくて言えないが、心では愛しているから伝わっているはずだ」と言う人がいるが、時代劇ではないのだから通用しない。もし言葉で相手を喜ばせるのが苦手なら、とっておきの方法がある。それは、サプライズをすることだ。

家庭という日常の中に、サプライズで非日常を演出するのだ。これは女性には効く。日ごろ、いばっている妻でも、サプライズされたら、泣くかもしれない。妻はそのサプライズの内容もさておき、サプライズをしようとしてくれたあなたの気持ちに感動するだろう。

普段は強がっている妻だが、本当は小心者で強くなんかない。愛してほしいだけなのだ。ただ、愛してほしいだけ。老後は長い。子供が成人してからの2人の老後は、気が遠くなるぐらい長い。せっかく相手がいるのに、仲良くしないのはもったいないことだ。

さて、どんなサプライズがいいか。妻が欲しがっていたもののプレゼントか。習いたいと言っていたスクールの入学金プレゼントか。女友達との温泉旅行のプレゼントか。誕生日に薔薇100本のプレゼントか……。

考えるだけでわくわくしてくる。人生の喜びは、どれだけ驚きと感動があるかにかかっていると思う。言葉で伝えるのが苦手な人は、言葉以上に効果があるサプライズをぜひ、お試しあれ。

＊職場以外の友達を作る

5　趣味の友達を積極的に作る
――「友達」の存在は老後の生命線

現在、妻や夫という相手がいても、個人として付き合っていける友達を今から作りたい。現役サラリーマンの人は仕事に忙しく、また家族サービスもしなくてはならず、なかなか友達を作るのは難しいかもしれないが、友達は老後の生命線ともいえる存在なので、今のうちに確保しておくことをお勧めする。

優しく理解のある伴侶がいる人もいれば、なんであんな人と一緒にいるのかと悶々《もんもん》と暮らしている人もいる、人生いろいろだが、家族というのは、良くも悪くも切れないのがつらいところだ。たとえ不仲で夫婦が別れたとしても、子供のことは延々とついてくる。嫌だからと言って、別れた相手と話をしないで無視しているわけにもいかない。

人間は本来、自分中心でわがままだから、家族は時々、重い鉛のように変化することもあるが、人間は社会に生きる動物なので、しがらみを捨てて、無人島で暮らすわけにもいかない。人が重荷であるにもかかわらず、人を求めるのが人間だ。

そこで登場するのが友達だ。友達の良さは、嫌なら「さよなら」できる点だ。そして、求めればいつからでも持つことができる点だ。

今から良き友達を作る手っ取り早い方法は、趣味の友達を作ることである。

あなたの趣味は何ですか？　釣り、映画鑑賞、太極拳、料理、マラソン、語学……。カルチャーセンターのパンフレットを見ると、何百という講座が開かれているので、まずは、何か自分の好きな習い事を始めたい。

趣味が同じということは、好きなことが同じということなので、すぐに話ができるし、すぐに仲良くなれる。自分と相手が共通の関心を持っていることは友達の大前提。自分より高いところにいる人と友達になろうとするなら、友達はできない。同じような人こそ友達として長く付き合える人なので、高望みはしないほうがいい。

よく、ゴルフや旅行など同じ趣味を持っている仲良し夫婦を目にすることがあるが、今はいいが、先を考える時、夫婦別々の趣味を持つことをお勧めする。というのは、夫婦一緒の趣味の場合、他者から、どうしてもワンセットとしか見てもらえないので、個人の友達ができにくいからだ。そして、たいてい、仲良し夫婦の場合は、他の仲良し夫婦同士で付き合うようになる。

お互いの夫婦が元気ならいいが、片方が病気になったり、亡くなったりすると、付き合いもその時点で終わってしまうことが多い。老後ひとりぼっちを見据える時、夫婦セットの友達ではなく、自分個人の友達が必要になってくる。

趣味を侮るなかれ。趣味はお互いの心の距離を近づける。まだ、老後ひとりぼっちになるまでに時間があるので、焦らず、一生の友達作りをしたい。

職場の友達もいいものだが、リタイアすると終わってしまうことが多いので、退職して「ただの人」になっても崩壊しない趣味の友達を持つことをわたしはお勧めする。

わたしの趣味はバレエ。気がつくともう20年も通っていることになるが、週1回（正直に白状すると月1回しか行かない時のほうが多い）のレッスンで仲間に会うのが楽しみになっている。

最初のころは、体のためのスポーツぐらいにしか考えてなかったが、最近は、仲間も年をとってきたせいか、お互いを気遣い、入院したと言えば、声をかけたり、老人ホームに入所したと言えば、訪ねたりといい友達関係に成長した。

電話で愚痴を聞いてくれる腐れ縁の友達もいいものだが、また、それとは別に、ほどよい距離のある友達というのは、長く付き合えるので、ぜひ、今のうちから友達を作る努力をしたい。

6 社会活動に参加する
——価値観を共にする人と熱く語り合う清々しさを知ってほしい

同じ趣味を持つ友達の心地よさに似ているのだが、同じ価値観を持つ友達も貴重だ。あの人とは気が合わないと感じるのは、価値観が違うからだ。違う価値観の人の話を聞くのも、自分を成長させるうえでは大事だが、楽しい老後ひとりぼっちを前提に考える時、同じ価値観の友達ははずせない。

お金が第一、お金で買えないものはないと考えている人は、「投資大好き」という人とは友達になれるが、わたしのように、社会や政治を裏読みしている人は、金利が気になる人と友達になるのは、無理だ。類は友を呼ぶようで、わたしの周りは、政治に怒りを感じている人ばかりである。

年齢や性別に関係なく、価値観が同じであるだけで、人は仲良くなれる。先ほども話したが、人は自分と同じ人が好きだ。同じ人といるのが心地よい。なので、それを認めて、積極的に、同じ価値観の人が集まっているところに出向きたい。

昨今の政治は、黙っていられない状況にあるのは皆さんも感じているとおりだ。これまでデモにも集会にも参加したことのない人が、声をあげ始めている。わたしも反原発運動をしている団体の講演を聞いたり、集会に行ったりすることがあるが、そこに来ているのは、ほとんどがリタイアしたおじさんばかりだ。同じ価値観の人が集まっているので、わいわい楽しそうに見える。

リタイアしてただの人になり、家でゴロゴロしていて妻から邪険にされている生活より、プラカードを持って国会議事堂前に行くほうが、どんなに充実しているかしれない。

しかも、同じ価値観の人と知り合い、意気投合して飲みに行く機会も得られるのだから。価値観を共にする人と熱く語り合う清々しさをぜひ味わってほしい。日ごろ溜まっている不平や不満が解消されて、胸がすいて気持ちよくなるはずだ。さらに、話が合えば、そこから真の友達になることもできる。老後ひとりぼっちになる前に、ぜひ考えてみてほしい。

家族の人数は、子供の独立、伴侶の死と、年齢と共に少なくなるが、友達はいくつになっても、増やすことができる。家族がいなくなったら、ひとりぼっちだなんて、後ろ向きに捉えないほうがいい。信頼できる、一緒にいて楽しい友達は、努力次第でいつでもできる。あなたが一歩踏み出すだけでいいのだ。男性は友達作りが苦手なようだが、それは、誰も関心がないのに、自分だけが摑んで離さないつまらないプライドがあるからだろう。肩書というお化けに付きまとわれ、ただの人を生きられない人になってはいけない。悲惨な老後ひとりぼっちにならないためには、早目に死ぬか、それとも、早く「ただの人」になるか、そのどっちかしかないだろう。

7　おばさんと仲良くなる
――おばさんを味方につけておけば、老後はこわくない！

特に男性に伝えたいことがある。それは、おばさんほど強力な助っ人はいないということである。おばさんを味方につけておけば、悲惨な老後ひとりぼっちにはならないですむ。

男性の皆さん！　若い女性は、あなたの目を癒してくれるかもしれないが、何の役にも立ちませんよ。あなたの老後を楽しいものにしてくれるのは、おばさん、おばさん、おばさん。声の大きい、三段腹のおばさんですよ。

近所のおばさん、ボランティア活動をしているおばさん、スーパーのおばさん、パートのおばさん、カルチャーセンター受講生のおばさん……。世の中で忙しく動き回っているさまざまな種類のおばさんと仲良くできたら、老後ひとりぼっちは怖くない。同じような年でもおじさんはだめだ。おじさんは悪いけど、若い女性と同じで、老後ひとりぼっちに関していえば、何の役にも立たない。

男性の皆さん！　今から心して、周りのおばさんを大切にしよう。なぜ、おばさんが男性にとり強い味方かと言うと、おばさんはおせっかいだからだ。今の時代、この世の中の潤滑油とも言えるおせっかいな人がいなくなったことで、ひとりぼっちが増えてしまったと言うこともできる。

妻に先立たれた男性の寂しそうなこと。まるで、突然、植物が枯れるように、精気を失い地面を向いて暮らすようになる。昨日までシャキッとしていた人でもだ。それは、妻しか頼る人がいない狭い人間関係の中で、生きてきたからではないだろうか。

男性の皆さん！　妻がいなくなっても、地域には、おせっかいなおばさんがいることを忘れないでください。人はひとりでは生きていけない。リタイア後、家に引きこもっているのではなく、おばさんと仲良くなって、困っていることは助けてもらえばいいのだ。

それには、日ごろから「あら、○○さん」と声をかけてもらえるおじさんに、こちらがなっておく必要がある。

ある町の講演会に呼ばれたあとの打ち上げの席で、隣に座ったニコニコした男性からこんな話を聞いた。どこも同じだが、昼間の集会は元気のいいおばさんばかりだ。その中で数少ない男性のひとりが彼だった。彼は70代で妻を亡くしたひとり暮らし。長いこと落ち込んでいたが、地域のボランティアに参加するようになり元気になったと言う。

地域の活動は女性のおばさんが中心なので、男性は本当に少ない。でも、ここがみそだ。男性は少ないので、おばさんから歓迎され、よくしてもらえるのだ。

男性の皆さん！　地域デビューしましょう。

その男性によると、たとえば、毎月開催される集まりに用があって出られなかったとする。そうすると、おばさんたちが心配して、電話をくれるそうだ。さらに、風邪で寝込んでいるなどと言ったら大変、おにぎりを作って届けてくれると言う。おじさんにはできないが、おばさんならではの伝統的な心遣いだ。

彼は、おばさんたちに救われ、現在、楽しい老後ひとりぼっちを暮らしている。なぜわかるかというと、それはニコニコした顔に書いてあったからだ。

ご飯の心配をしてくれる地域のおばさんと知り合うのは、寂しい老後ひとりぼっちにならない最も素晴らしい方法なので、ぜひ、お試しあれ。おせっかいも愛情。人の愛情を受けて、楽しい老後ひとりぼっちを送りたい。

8　地域デビューはやめたほうがいい人もいる

――地域で孤立してもいいと思おう

男性の地域デビューは、おばさんと知り合ういい機会になるが、シングル女性の地域デビューはやめたほうがいいように思う。

これまでの著書の中で、シングル女性に地域デビューを勧めてきたわたしが言うのもなんだが、最近になり、考え方が変わったので恥を忍んで言う。

シングル女性は働く男性と同じで、会社の人間関係はあるが、地域とのつながりがないのがふつうだ。一日の基盤が家である主婦と、ここが大きく違う点だ。現役の時は、地域のつながりなどなくても快適に暮らせるものの、定年退職して「ただの人」になった時、はたと、自分には何の人間関係もないと気づく。隣の人とのつき合いもなければ、町内会の人の顔も知らない。もう会社へ行くこともなく、家にいる時間が多くなる。友達はいても、何かあった時には遠すぎて来られない。

年を取るにつれ、自分が孤立していくのを感じるのは、何もひとり者の男性だけの話ではないのだ。そこで、わたしはこれまでの著書の中で、「シングル女性よ！　退職したら地域デビューしよう」と言い続けてきた。ああ、なんて甘かったのか。

地域での人間関係が、老いてから必要になるのは言うまでもないことである。何かあってからではなく、何もないうちに、地域になじんでおくのは、ひとり暮らしの人にとり必要なことだと思っていたからだ。

しかし、口で言うのと、実際には大きな隔たりがあることを、わたしは体験から学んだ。マンションから戸建に引っ越し、いい機会なので地域デビューしようと、地域の集まりに出かけた時のことだ。出向いてわかったことだが、そこには、しっかりとしたグループができあがっていて、とても「よろしく」と入れる雰囲気ではなかった。独身女性がブリブリ言って働いている間に、主婦たちは地域で活動してきた。すでに、できあがった組織になっている。中心人物がいる。

こちらが違和感を持ったように、あちらも違和感があるようで、あちらから声をかけられたことは一度もない。これが、私がおじさんだったら、違っていただろう。

何十年もの長きに渡り、地域活動にほとんど参加していなかったものが、リタイアしたので「よろしく」というわけにはいかないのだ。地域は、ある種、女性の城だ。

ちなみに男性は異性なのでおばさんから歓迎されるが、シングル女性は難しい。

わたしはその時思った。独身女性は無理して地域デビューすることないではないかと。近所という地域ではなく、「シングルで生きてきた人」という「心の地域」に所属すればいいのだと。

ＮＰＯ法人ＳＳＳネットワークのように、おひとりさまの団体こそがシングル女性の地域なのではないのかと思うようになった。

甘い幻想をいだき、地域デビューをしたものの、わたしは一日で挫折した。無理だ。無理だ。絶対に無理だ。無理なことをするのはよしたほうが精神的によい。

シングル女性の皆さん、申し訳ございませんが、地域デビューはお勧めできません。自分に合わないことをすると体を壊すので、悲惨な老後ひとりぼっちにならないためにも無理せず、開き直り、「地域を頼らない」という覚悟を持つのも一つの選択ではないかと思う。わたしはその覚悟を決めてから、地域の集まりには行かなくても不安がなくなった。自分の地域は自分で作る。そして、わたしは再び地域のないマンション暮らしに戻ろうとしている。

9　今さら、恋に関心を持たないこと
――老後に、異性にモテる必要はまったくない

女性がいないと生きていけない男性がいる。かわいいなあと思う反面、どういうものかと思う。日本には、女性を異性としか捉えない男性が多い。偉そうで申し訳ない

が、このタイプの男性は、寂しい「老後ひとりぼっち」になりかねないので、今から心したほうがいいだろう。

男性は、妻と死に別れると、すぐに次の妻を探そうとする。別に非難する気はないが、そういう老後対策しか浮かばないのかしらと皮肉の一つも言いたくなる。

これまでの時代は、定年退職しても、そこそこ豊かな暮らしが保障されていたので、新しい妻も来てくれたが、これからはそういうわけにはいかないだろう。日本経済が右肩下がりのこの時代は、自分の世話は自分でするのが基本になってくるはずだ。

楽しい老後ひとりぼっちを送るためには、職場以外の友人を作ることだが、その中には、もちろん異性の友達も入る。女性ばかりの団体をやっているわたしは、正直、男性を見るとホッとすることがある。やはり、世の中は男女がいて成り立っていると思わざるをえない。

しかし、中高年の男性を悪く言う気はないが、いつまでも「男」を捨てられず、ただの人になれない諦めの悪い人が多いのには驚かされる。

はっきり言って、男女共に、60を過ぎたら、全員が中性だ。そのことがわかってない中高年男性が多すぎる。実は、言葉には出さないが、女性たちは男が抜けきらない男性にうんざりしているのである。

ちょっと親切にしたり、ちょっとご飯に誘ったりすると、なんだか知らないが、自分に気があると思うらしい。どこからそのうぬぼれはきているのか、それが信じられない。こちらは、ただ聞きたいことがあるから、ただ相談したいことがあるから誘っただけなのに、気があると思うので困る。日本男性とはなんと面倒なのか。

わたしはここで大きな声で言いたい。「60過ぎたら、恋はないのよ」。60からは、恋の相手ではなく、同志なのだ。はっきり言うが、「男」にこだわる男は女性から嫌われる。性別を捨てた男性は、女性から好かれる。ここをよく学んでほしい。それが、ひいては楽しい老後ひとりぼっちにつながるからだ。

「灰になるまで、恋はできる」とか言っている人がいるが、そういう人は、勝手に灰になってください。老後ひとりぼっちを楽しく生きようという男性は、恋ではなく、同志を求めてほしい。老いらくの恋を否定するわけではないが、人間も果物と同じように、食べごろの時期というのがある。

＊自炊が得意な人になる

10　家族の週末キャンプで腕を磨く
——自炊できるかできないかは、あなたの老後の明暗を分ける

老後だろうが、若い時だろうが、結婚してようがしていまいが、自分のご飯は自分で作ることは生物として当たり前のことだと思う。男性（最近は女性も）の中には平気で料理は苦手だとか、料理はしたことがないと言う人がいるが、どういう神経かと疑いたくなる。特に日本の中高年男性は、21世紀に生きているというのに化石みたいな人が多く、料理は女性の仕事だと、いまだに信じてやまない人がいるのには、呆れてしまう。

世界経済フォーラム（ＷＥＦ）が発表した２０１５年版の「男女格差指数」によると、日本は調査対象１４５か国中、１０１位！　男性の考え方の中に「俺は男だ」が変わ

らず存在するからではないだろうか。日本男性のよいところはたくさんあるにせよ、自分のことを自分でできない男性が多いのは、どうしたものか。これが、老後、大きな問題となり苦しむことになるのをわかってない。

仕事をしていれば尊敬される時代は終わった。これから老後に向けて、身につけておきたいのは、生きていく上での基本的なことだ。その第1が炊事だ。

現役時代のうちに、家族がいるうちに、炊事の腕を磨いておくことをお勧めする。それにはキャンプが手っ取り早いだろう。家族旅行をこれからはキャンプにするのだ。子供たちも喜ぶし、炊事する父親は格好良くうつる。妻だって見直すだろう。いいことずくめのキャンプだ。災害時にも役に立つ。

車が運転できない人は、近くのカルチャーセンターの料理教室に通うのはどうだろうか。昨今は、英語でクッキングなんていうのもある時代だ。お菓子教室はお勧めできない。なぜなら、お菓子は食べなくても生きていけるからだ。

男性は研究熱心な人が多いので、一回料理に挑戦してみるとはまるかもしれない。週末はパパが料理を担当すれば、きっと家族もまとまる。

孤独死する人を見ていると、そのほとんどが男性で、しかも、ご飯を作らない人が多いように感じる。自分でご飯を作るのが好きになれば、老後ひとりぼっちになっても、寂しくはならないだろう。

「今日は何を食べようか」と考えるだけで朝から楽しくなるし、炊き立てのご飯に卵をかけただけでも幸せは味わえる。カップヌードルは便利だが、心の満足感は得られない。自炊できるかできないかは、あなたの老後の明暗を分けると言っても過言ではない。まだ、老後まで時間がある間に、腕を磨いておこう。

11　炊事、洗濯、掃除を特技にする

――暮らしを楽しめる人に、寂しい老後はない！

家事は主婦の仕事ではない。家事を軽く見る人がいるが、家事ほどおもしろく、奥の深い仕事はないだろう。外で働いてお金を稼ぐのも大事な仕事だが、お金はもらえないが家事も大事な仕事だとつくづく思う。

家事を侮ってはいけない。部屋が汚くても死なないなどと豪語する人がいるが、そういう人はゴキブリと仲良く暮らせばいい。そういう暮らしをする自由もあるのだか

ら。寂しい老後ひとりぼっちの人の典型的な暮らし方は、掃除をしない、汚いである。男性は特に、ひとりになるとだらしなく、かまわない生活になりがちなので、注意が必要だ。

今は、家族がいるので、そこそこ清潔に保たれているかもしれないが、家族がいなくなり、ひとりになったとたんに、汚くなるので、今から掃除、洗濯などは自分ですることを心がけたい。そう、習慣にすることが大事だ。ひとりになってからすればいいという考え方は、改めたい。先ほどの話ではないが、男性は研究熱心なので、一度、掃除にはまると、おもしろくなる可能性が高い。もしかしたら、老後、掃除の達人として地域で活躍できるかもしれない。

一昨年、オランダに高齢者施設の見学に行ってきたが、オランダ人の暮らしはきれいだ。どの家もどの人も掃除の行き届いた部屋で暮らしている。日本人が「今、片付いてないので家に来られると困る」と突然の訪問を拒否するようなことは、オランダではありえない。

ドイツはもっと掃除が行き届いてきれいらしい。これは単なる民族性だろうか。

オランダの高齢者住宅を訪問している時に、わたしはあることに気づいた。それは、掃除が行き届いたきれいな部屋で暮らしていると、人間も明るいという発見だ。ひきこもっている人の部屋できれいな部屋の人がいないように、掃除が行き届いた部屋に暮らすことは、精神にも生き方にも影響することを目の当たりにした。

部屋なんかどうでもいいではだめだ。自分のいる空間は清々しいものでないと、楽しくは生きられない。

男性はひとりになってしまうと、何もしなくなる。それは、それまで人に面倒をみてもらっていたからだ。家族を失ってから習慣を変えるのは難しいので、今のうちに、自分で炊事する、自分で洗濯する、自分で掃除する人になっておきたい。そうすれば、老後ひとりぼっちになったとしても、寂しいどころか、掃除しまくり、洗いまくり、作りまくりの楽しい毎日が待っているので、楽しみにさえなる。

きれいな暮らしをしている人に、すさんだ気持ちの人はいない。オランダには、ひとり暮らしの認知症の方がたくさんいるが、きれいな身なりできれいな部屋に住んでいるので、皆さん穏やかだった。

老後ひとりぼっちになったらどうしようと怯えるのではなく、思いきりひとり暮らしを楽しもう。暮らしを楽しめる人に寂しい老後はない。

＊病気の不安を持たないこと

12　病気のことは神様にお任せする
——健康は神様にお任せする

誰にとっても大事なことだが、特にひとり暮らしの人にとり大事なのが健康だ。ひとり暮らしの人は、何かあった時、そばに助けてくれる人がいない。こんな時、いくらかわいい同居の猫がいても、何の役にも立たない。やはり、人の手が必要だ。おひとりさまの団体をやりながら、わたしは、ひとりの人の不安を嫌というほど聞いてきた。その不安のトップが病気になった時のことだ。

昨今のテレビは、高齢者の受けを狙っているのか、それともネタ切れか、病気のことばかり取り上げて、ひとりの人を余計に不安にさせている。テレビを見ていると、誰もが認知症になり、誰もが動脈硬化になり、誰もが脳梗塞になるような気がしてくる。

もう亡くなってしまったが、わたしには尊敬するドクターがいた。そのドクターは、わたしが「ひとりなので病気が不安」と口にするたびに、笑いながらこう励ましてくれた。

「病気という字は、気を病むって書く。病気のことを忘れて生きろよ。想像したって、予防したって、なる時はなる。体は自然に任せているのが一番いいんだよ。おいしいステーキでも食べろよ」

先生に出会ってから、わたしは、ひとりで病気になったことを想像して悩むのではなく、病気のことは忘れて、神様のお任せコースで行こうと決めたのである。考えても考えなくても病気になる時はなる。この分野は神様の領域だ。そう思ったら気が楽になった。

というわけで、わたしは健康に関しては、神様にお任せすることにしたので、以来、50歳ぐらいから、定期健診には行っていない。無料のガン検診や脳ドックのお知らせが健康保険組合から来るが、見ないで捨てている。

「検診で早期発見されることもあるから、検診したほうがいいよ」と検診好きの男性に会うたびに言われるが、若ければ早期発見で手術して治ることもあるだろうが、この年までくれば、いつ死んでもいいお年ごろだ。動物のように検診など行わずに、神様にお任せするのが私流だ。と言いながらも、気になる症状がある時は、クリニックに行くつもりでいる。そう、わたしは言っているほど豪快ではなく、小心者なのだ。

現代の医療は進んでいるので、余計なことまで発見してくれる。発見されれば自覚症状がなくても心配になるのが人間だ。ひとりになると、それだけでも暗くなりがちなのに、さらに病気の心配などしていたら、這い上がれなくなる。

13 先の心配をしないこと

――今やることで頭をいっぱいにすれば、悪い妄想を追い出せる

先日もセミナーでこんな質問を受けた。「ひとり暮らしの人の最後はどうなるのか」と。

家族がいないので介護になった時面倒をみてくれる人がいない。誰に頼めばいいのか。地域包括センターのスタッフも24時間みてくれるわけではない。これからひとり

暮らしの人は多くなる。どうしたら、最後まで自宅で暮らすことができるのか。そういう内容の質問だった。

わたしは福祉の専門家ではないので、正直、答えようがなかった。これは、本当は行政の問題、国の問題と個人の人生観の問題だからだ。団塊の世代が老人になる時、ひとり暮らしのお年寄りが増えることは60年前からわかっていたことだ。それなのに、道路や建物ばかりに力を入れて、福祉を後回しにした。そのツケが今、来ているのだ。政治家たちも悪いが、政策に文句を言わないで言われるがままに税金を納めているわたしたち国民も悪い。

日本の福祉は驚くほど低い。税金をとるだけとっているのに、使う段になると、自己責任でお願いしますとは、悪徳代官と同じだ。

ひとり暮らしの高齢者がますます増え、全国で高齢者の５人に２人が単独世帯になる２０３５年はどういう世の中になっているのか、想像もつかない。

これまでのように、最後は有料老人ホームに入所の選択ができるのかどうか。日本経済が破綻した先まで想像するのは、かなり困難だ。

今、この不安定な世界情勢の中で、「こうなる」と的確に答えられる人はいないだろう。

先の心配をするのはよそう。頭ではわかっていても、なかなかそう簡単には実行しにくいが、先の心配は頭の中で作りあげた妄想にすぎない。先の心配をする時、目先にやることがない場合が多い。

今、明日、やることがあれば、そのことで頭がいっぱいで、老いて寝たきりになった時の想像をしている余裕はない。

やることがある。行くところがある。会う人がいる。年をとればとるほど、ひとり暮らしが長くなればなるほど、大事なことになるので、まだ、老後ひとりぼっちになっていない今のうちから、心がけたい。

14 ひとり暮らし。もし、家で倒れたら

――ひとり暮らしの良さに気づこう

ひとり暮らしで家で倒れた時、どうしようと心配する人に一言。その時は、そのままでいる、というのがわたしの考え方だ。幸いひとりなので、救急車を呼ぶ人がいな

い。

もし、家族がいたら、あわてて救急車を呼ばれて、延命治療をさせれてしまう危険性がある。家で静かに死ぬには、ひとり暮らししかない。

もし、具合が悪いことを誰かに知らせたかったら、がんばって玄関まではっていき、ドアを開けて、半身でいいから体を外に出そう。そうすれば、行政が駆けつけて、処置してくれるはずだ。

仮に、死んだとする。そのときも行政がきてくれるので、納税者なのだから堂々と、始末をさせればいいのだ。

家で倒れたら「ドアから半身出す」。少しが気がラクにならないだろうか。

15　ガンより怖い長生き
——長生きにいい食事をやめよう

数ある病気の中でも、ガンほど恐れられている病気もないだろう。なぜかと言うとガンは死に至る病と思われているからだ。ガンは苦しい。ガンになったら死ぬ。ガンになったら終わりだと、ガンと聞くだけで恐怖を抱く人が多いが、本当にそうだろうか。

最近も、市川海老蔵さんの妻小林麻央さんの乳ガンについて、報道され、世間を驚かせたばかりだ。

こんなことを言うと、人の気も知らずによくそんなことが言えると怒るだろうが、勇気を持って本音を言わせてもらう。

若い方ならいざ知らず、還暦を過ぎた人はわたしも含め、いつ死んでもおかしくないお年ごろだ。誰も「お若いのに」と同情はしない。昨今の60代は昔の60代と比べて比較にならないほど若く見える。

しかし、だからと言って生命体が若いわけではない。いくら若く見えていても実年齢より10歳若く見える人はほとんどいない。70代の人は、70代としては若いというだけで、60代の若さと同じではない。まあ、若いと言われたら、お世辞として受け止めておくのが無難だろう。

若く見えていても、生命体は刻一刻と死に向かい始めている。60代すぎに見つかるガンは、病気ではなく老化の証だというのが、わたしの考え方だ。

長生きしている人に対して失礼なのは承知で言うが、１００歳まで生きたい人がどれだけいるだろうか。元気に食べ、歩き、話せればいいが、そういう方は稀有《けう》だ。いくらどこも悪くなくても１００年使った体と共に生きていくのは、そうたやすいことではないだろう。ましてや、無味乾燥な部屋に寝かされて、食べ物だけ与えられて生きることを想像すると、暗い気持ちにさせられる。

わたしの友人も3年前に子宮ガンの手術をした。まだ術後5年が経過していないので、今は元気だがやはり心配だと言う。

しかし、ガンになったことで人生観が変わり、いつ死んでも悔いのない生き方をするようになったと満面の笑顔で話してくれた。

60代まで生きてきたら、あとは老化のみなのだから、命のことは、神様にお任せするしかないだろう。

日本人は長生き遺伝子を持っているので、そう簡単には死なないような気がする。今後、恐れるとしたら、病気やガンより長生きだ。これだけは願ってもどうなるものではないが、長生きに良い食事だけはやめたほうがいいかもしれない。そんなことをしたら、１２０歳まで生きてしまう。

＊いつまでも収入があるようにする

16　年金で暮らそうと思わないこと
――経済的貧困だけは避けたい

年金は老後生活を支える大事なものだ。わたしのような個人事業主には厚生年金がないので、スズメの涙程度の国民年金しかもらえない。もちろんそんなことはわかっていて、この仕事に就いているわけだが、厚生年金組と国民年金組の差の大きさに、受給する年齢になると愕然とさせられる。

会社員と違い個人事業主には定年がないので、いつまでも働けると思われているが、いつまでも仕事があるという保証はない。いつまでも働けることと、いつまでも稼げることはイコールではないのだ。

思い起こせば30代のころ、50代ぐらいの大工さんを取材したことがある。その時は理解できなかったが、今になりわかったことがある。それは、わたしが彼に「大工さんの仕事っていいですね。定年もないし、いつまでも働けて」と言うと、彼から「体力がなくなるから60まで働けないよ」と言われたことだ。

若いというのは浅はかで、年齢なんか関係ない。気持ちさえあればいつまでも働けると思いがちだが、自分がその年齢になってみると、精神論では語れないことに気づかされる。

年金は当然もらう権利のあるものだが、その年金が怪しくなっている今、そしてこれからを想定する時、年金だけに頼って老後設計を考えるわけにはいかないだろう。

国はわたしたちから預ったお金を不安定な株に運用している。そんな危険なことをしている国がどれほどあるのだろうか。今のまま年金が減らされ続けていくと、年金に頼って老後を送るのはかなり困難になる。

インターネットが得意な人は、ネットで収入を得る方法を考え実行するとか。芸は身をたすくという言葉があるように、何か教えることで月謝を得て収入にするとか。これから定年までまだ時間のある人は、定年後に収入が入る方法を今から考え、準備に入ることをお勧めする。

17 ちょいビジネスを始める

――預金通帳を見ながら嘆くより、前に進むことを考えよう

お金がない。貧乏なのは悲惨なことだ。ひとり暮らしで孤立していても、食べることに困らなければ生きていけるが、下流老人ではないが、収入が生活保護以下では、最低の暮らしさえおぼつかない。老人であることだけで悲惨なのに、さらに貧困に追い打ちをかけられたらどうなるのか。

日本の政治の無策が、ここにきて露呈し、国民を貧困に追いやろうとしている。しかし、ここで文句を言っていても、そんな政治家を選んできたのはわたしたちなのだから、国民にも責任があることになる。

「国は信用できないから、国民年金は払わない。祖父からの教訓だ」と、30年前にわたしに語っていた自由業の女性の言葉がよみがえる。当時、自己実現にしか関心のなかったおバカなわたしには、理解できない発言だったが、今になると、脱帽せざるをえない。国はつぶれないと思っていたわたしの見通しは甘く、国を信用しない彼女は

冷静だったと言える。

時代は変わる。時代は突然変わる。それが、今起きようとしているのを感じる。明るい老後ひとりぼっちになるためには、貧困だけは避けたい。そのためには、先ほどの続きになるが、自分で稼げるちょいビジネスを始めることだと思う。

とにかく嘆いてないで、前に進むことが大事だ。わたしだって、年金が半額にされたら困る。企業年金のでる会社員ならともかく、自営業のわたしの場合、そんなことになったら明日から生活できなくなるのは目に見えている。

老いてひとり身の上に、生活苦がのしかかる。想像しただけでくらくらしてくるが、ここで負けていてはいけない。どんな恐ろしい時代に突入しようと、生活苦にならないように今から備えることはできるはずだ。

これは素人のわたしの考えだが、ひとりで策を講じるのではなく、これからはグループで取り組むのがいいように思う。

「ちょいビジネスを考えない？」と周りの人に声をかけ、のってきたらグループを作る。ひとりで考えるより、発想も知恵も出るし、みんなで話しているだけで恐ろしい時代に立ち向かう力が湧いてくるはずだ。

年金をあてにするのではなく自分の手で稼ぐちょいビジネス。想像しただけで楽しくなりませんか。景気のいい時代なら、人と協力して何かをわざわざやることもなく、貯金と年金で老後は暮らせた。ひとりで誰ともしゃべらなくてもあの世に逝けた。しかし、困難な時代は、束になって協力しないと生きてはいけない。

仲間とちょいビジネスを始めたら、絶対に、老後の不安など吹き飛ぶ。預金通帳を見ながらため息つくこともなくなるはずだ。

チャレンジこそ、悲惨な「老後ひとりぼっち」にならない一つの方法だ。

18　日曜大工は身をたすく
――便利屋として稼ぐことができる

職人までいかなくても、手先の器用な人は、その特技を収入につなげてみたらどうだろうか。日曜大工が趣味の人は多いと思うが、自分の家のためだけに腕を振るうのではなく、近所の人をお客さんにするのはどうだろうか。

なぜ、そう思ったかと言うと、昨今は、ひとり暮らしの女性が多く、ちょっとした大工仕事ができずに困っている家が多いからだ。

わたしの家がそうだった。台所に小さな棚が欲しかったが、リフォーム会社に頼むほどでもないが、自分でやる気にもなれない。家具の地震止めも自分ではしたくないが、誰かにやってもらえたら助かる。しかし、そんなにお金はかけられない。気になりながらも放置しておいたのだが、ある日、郵便ポストに入っていた「便利屋やります」と書かれたチラシを見て、相談してみたところ、大工仕事もなんでもできると言うではないか。

便利屋さんが大工の仕事までしてくれるとは思ってもいなかったので驚いた。しかも、値段がリーズナブルで仕事が丁寧。地域に住んでいるおじさんなので信頼できる。聞いてみると、おじさんは元サラリーマン。日曜大工が趣味で、定年後は、家の修繕を楽しんでいたが、家の修繕も終わってしまったので、人様の手伝いをしてお小遣いが稼げればと思い、便利屋のチラシを作って配布したそうだ。

要望があればなんでもできるように道具もプロ並みに揃っている。雪でガレージの支柱が折れた時も、片付けてもらい大いに助かった。

その時わたしは思った。これは手堅い仕事だと。なにしろ、近所でお客をとることができる上に、ひとりで好きな時間だけ働くことができる。家でぶらぶらしていればお金は出て行くだけだが、趣味の日曜大工でお金が稼げるのだ。しかも、人に喜んでもらえる。

釣りやゴルフの趣味もいいが、男性でホームセンターが好きな人はぜひ、今のうちにもっと腕をあげておいて、退職後は便利屋を始めることをお勧めする。便利屋を大げさに考えずに、自分のできることだけをチラシに謳えばいい。「棚と地震止めつけます」というように。わたしが依頼した便利屋のおじさんは、好きなことでお金をもらえて毎日が楽しいと語っていた。そうだろうなあと思う。定年退職後の日々は長い。減っていく通帳を見ながらビールを飲むのと、ひと仕事して現金を手にしながらビールを飲むのでは、味も気持ちも違うだろう。

おじさんは大工仕事だけでなく、庭の手入れを頼まれることが多くなったので、そちらの技術も習得していると言う。彼のとびっきりの笑顔から手に職があることの余裕が感じられた。

＊孤独を楽しむ力を身につける

19　ひとりで死ぬ覚悟を持つ

――孤独死はひとりだからこそできる「自然な死に方」

「孤独死だけは避けたい」と言うひとり暮らしの方は多い。誰かに看取られないで死ぬのは寂しいというイメージを持っているからだろうか。それとも、死んでから何日も発見されないと人に迷惑がかかるからか。孤独死だけは嫌だと言う人に話を聞いてみると、笑い話なのかと思うほど、心配していることがおかしい。

部屋の中で死んでいるのに、何日も発見されないことを極端に恐れているのだ。自分の遺体が腐敗してから発見されるのは嫌だと言う。そんな汚い姿で死にたくないと。死んだら自分ではわからないのだから、どうでもいいと思うが、彼女たちは真剣だ。そして、こう言う。夏だけは死にたくないのよ、できたら冬に死にたいと。暑さで腐敗が早いからだ。死後数日で臭いが外に漏れるらしい。彼女たちの真剣さは冗談ではなく本気なところが、ちょっと怖い気もするが、孤独死は、ひとり暮らしのわたしの理想的な死に方だ。誰にも邪魔されることなく、自宅でひとりでひっそりと死ぬ。こんなすばらしい死に方ができたら最高だと思うからだ。

よく、ひとりの人は家で倒れても、救急車を呼んでくれる人がいないので不安だと言うが、救急車を呼んでくれる人のいない幸せもある。

もし、家族がいたら、あわてて救急車を呼ぶだろう。そして、やってほしくない延命措置をとるだろう。いくら、延命措置はしないと家族に話しておいても、その場になると、家族も動揺し「お願いします」ということになりやすい。

もし、ひとりだったら、倒れてそのままになっていれば、気を失って自然にあの世に逝ける可能性が高い。病院に運ばれて、あれこれやられることを考えると、いい死に方ではないのか。ひとりだからこそできる自然な死に方だ。

孤独死、孤立死、などという言葉に振り回されてはいけない。大事なのは、ひとりで死ぬ覚悟を持つことしかないように思う。不思議なことに、覚悟ができた時から、老後ひとりぼっちは怖さがなくなり始めた。

20 寂しい見た目から明るい見た目に変える

――外見は、楽しい老後ひとりぼっちへの入口

見た目が変われば、生き方も変わる。これは本当のことだ。もし、寂しい老後ひとりぼっちの人生は送りたくないと心から思うなら、ぜひ、見た目を変えることをお勧めしたい。若い人は服装に敏感だが、ひとり暮らしの中高年になると、あまり服装にかまわない人が多いように感じる。服装なんて自分の自由だから、あれこれ言われたくないという頑固な方、ちょっと謙虚になって、人の言うことに耳を傾けてほしい。寂しい老後ひとりぼっちになりたくなかったら、わたしからの提案を聞いてほしい。

見た目は中身より大事。まずは、寂しい人に見える格好をしないことだ。人生を楽しんでいる人に見える格好をすること、これが大事だ。

もし、あなたが死ぬほど寂しくて毎日死にたくなっているとしても、茶系やグレーの服装で外に出ないことだ。不思議なもので、心が塞いでいると、そのような無彩色の色に手がいく。いつも、グレーやベージュを身につけている人は、シックなお洒落

をしているつもりかもしれないが、中高年の場合、心の色だと言える。自分では意識していないだろうが、元気で夢を持って暮らしている時は、明るい色を着たくなるものである。

また、明るい色を着て鏡の前に立つと、気持ちまで高揚してくる。服装と言うと、センスと捉えられハードルが高く聞こえてしまうかもしれないが、そうではなく、色が重要ポイントなのである。

色の力を借りて、寂しそうに見える自分から、楽しそうに見える自分に変えるのだ。そうすれば、楽しい人が寄って来るし、自分自身も明るくなれる。わたしは大きな声で言いたい。楽しい日々を送るのは簡単よ。きれいな色を身に着けることよ。

男性にお勧めの色は、白。まずは白。真っ白でアイロンのかかった白をベースにしたシャツ。ユニクロにいけば、カラフルなストライプ入りのシャツもたくさん売っているので、そんなのもいいし、持っている白いシャツにアイロンをかけただけでも、楽しそうになる。ブルーやピンクもお勧めだ。パンツはともかくシャツや上着は、茶系（土の色）やグレー（コンクリートの色）を避けること。

20代のスリムでカッコいい若者なら、汚い色もステキだが、中高年は顔がすでに茶

楽しいひとりぼっちと寂しいひとりぼっちの見た目の違い

男性の場合

楽しい老後ひとりぼっち	寂しい老後ひとりぼっち
○体が臭わない	×体が臭う
○髪が整っている	×髪を気にしていない
○こぎれいな身なり	×まったくかまわない身なり
○アイロンのかかったシャツ	×しわのあるシャツ
○白系の服装（明るい色）	×茶系の服装（暗い色）
○いつもおだやか	×いつも無表情
○あいさつが自然にでる	×だまっている

女性の場合

楽しい老後ひとりぼっち	寂しい老後ひとりぼっち
○化粧をして外出する	×すっぴんで外出する
○髪をこまめに染めている	×髪はごま塩のまま
○きれいな明るい色の服装	×茶系やグレーなど暗い色の服装
○アクセサリーをつけている	×アクセサリーなし
○いつも笑顔	×いつも無表情
○姿勢がいい（前を向いて歩く）	×姿勢が悪い（下を向いて歩く）
○ことばがすぐにでる	×ことばがない
○気前がいい	×ケチ

系なので、これ以上茶系にしたら、本当に土偶にしか見えなくなるので、注意が必要だ。

周りを観察していただくとおわかりかと思うが、寂しい老後ひとりぼっちを送っているだろう人は、だいたい茶系だ。前向きに老後を生きている人は、白系だということに気づくだろう。

女性も同じだが、女性は花だ。だから、女性は花の色を着よう。ピンクに黄色にうすむらさきに水色に……。男性より色の選択肢が多い分、楽しめる。

蝶や蜂ではないが、人もきれいな色に吸い寄せられる。ファッションセンスよりも色のインパクトは大きいので、センスに自信のない人でも大丈夫だ。きれいな色を身に着けるだけで、絶対に人から見た印象も変わるし、何よりも自分自身の気持ちが変わるはずだ。性格を変えることはできなくても、服の色は簡単に変えることができる。

ぜひぜひ、今日から試して、ハッピーな毎日を送ってほしい。街中が、ピンクや黄色の花の色を着た人であふれたら、たとえ、老後ひとりぼっちでも笑顔で生き抜けるはずだ。わたしは、そんなお花畑の光景を想像し、ひそかにそうなることを期待している。

著者略歴

松原惇子（まつばら・じゅんこ）

1947年、埼玉県生まれ。昭和女子大学卒業後、ニューヨーク市立クイーンズカレッジ大学院にてカウンセリングで修士課程修了。39歳の時『女が家を買うとき』（文藝春秋）で作家デビュー。3作目の『クロワッサン症候群』はベストセラーとなり流行語に。一貫して「女性ひとりの生き方」をテーマに執筆、講演活動を行っている。NPO法人SSS（スリーエス）ネットワーク代表理事。シンガーソングライター、映画制作となんでもやるタイプ。
著書に『「ひとりの老後」はこわくない』『60歳からの上手な生き方』（海竜社）、『人生後半を楽しむシンプル生活のススメ』（二見書房）など多数。
■NPO法人SSSネットワークHP
http://www.sss-network.jp
■松原惇子HP
http://www.ma-ju.com

SB新書　358

老後《ろうご》ひとりぼっち

2016年9月15日　初版第1刷発行

著　者　松原《まつばら》惇子《じゅんこ》

発行者　小川 淳

発行所　SBクリエイティブ株式会社
〒106-0032　東京都港区六本木2-4-5
電話：03-5549-1201（営業部）

装　幀　長坂勇司（nagasaka design）

組　版　株式会社キャップス

図版作成　堀江篤史

印刷・製本　大日本印刷株式会社

落丁本、乱丁本は小社営業部にてお取り替えいたします。定価はカバーに記載されております。本書の内容に関するご質問等は、小社学芸書籍編集部まで必ず書面にてご連絡いただきますようお願いいたします。

ISBN 978-4-7973-8820-6

「なにもない」強さを味方にすると、
もっとラクに生きられる。

『ないがままで生きる』

玄侑宗久

定価：本体価格800円＋税　ISBN978-4-7973-8480-2